EL PAIS
AGUILAR

Torrelaguna, 60. 28043 Madrid
Teléfono 91 744 90 60
www.elpaisaguilar.es

Decimoprimera edición, abril 2009

Diseño de cubierta: Beatriz Rodríguez
Ilustraciones: Ximena Maier
Diseño de interiores: Álvaro Gómez
Coordinación y edición: Edita Gutiérrez

ISBN: 978-84-03-50245-1
Depósito legal: M-17.747-2009
Printed in Spain - Impreso en España por
Anzos, S. L., Fuenlabrada (Madrid)

CONTENIDOS

PRESENTACIÓN

Esta guía, *Francés para viajar,* es una introducción al idioma francés, que permite al viajero desenvolverse en las situaciones más habituales con las que puede encontrarse durante su estancia en el país. El intento de utilizar la lengua del lugar que se visita es siempre apreciado por sus residentes, y permite acceder a un conocimiento más profundo del país y de sus gentes.

La guía comienza con una pequeña dosis de gramática, información sobre pronunciación y un vocabulario básico que recoge las palabras que el viajero puede escuchar o necesitar emplear todos los días. También ofrece unas guías de conversación, estructuradas en grandes bloques temáticos, como *Alojamiento, Compras...*, con vocabulario y frases útiles que permiten al usuario enfrentarse con éxito a determinadas situaciones, como hacer la reserva en un hotel o comprar un billete de autobús. Cada uno de los temas se inicia con una breve introducción con información práctica y consejos para desenvolverse mejor en el país. Se ofrece también un pequeño vocabulario específico *(Vocabulario imprescindible)*, una lista de las frases que el viajero puede necesitar decir *(El viajero dice...)*, otras frases que es probable que escuche *(El empleado dice...)* y, por último, un recuadro *(Letreros de utilidad)* con las palabras o expresiones que puede ver escritas a lo largo del viaje. La guía se completa con un minidiccionario español-francés para que el viajero pueda adaptar las frases modelo a sus necesidades concretas.

Bon voyage!

PRONUNCIACIÓN

Se indican aquí las letras o grupos de letras con la transcripción que se va a utilizar a lo largo del libro, un ejemplo en francés y la transcripción de ese ejemplo. No se incluyen las letras que se leen igual que en español:

ai	*e*	se pronuncia como la "e" española, pero un poco más abierta aimé *emé*
au	*o*	haute *ot*
c	*k*	ante "a, o, u" se pronuncia igual que en español café *kafé*
	s	ante "e, i" se pronuncia "s" ciel *siel*
ç	*s*	como "s" garçon *garsón*
ch	*sh*	sonido que no existe en español; se pronuncia como la "sh" de la palabra inglesa *sheriff* chambre *shambr*
eau	*o*	eau *o*

ei	*e*	pleine *plen*
eu	*œ*	se pronuncia como una "e" pero con los labios redondeados feu *fœ*
g	*g*	ante "a, o, u" se pronuncia como en español garçon *garsón*
	gu	ante "e" "i" con la "u" delante, se pronuncia como en español guide *guid*
	y	ante "e, i" suena parecido a una "y" española, pero más silbante genou *yenu*
h		no se pronuncia
j	*y*	parecido a una "y" pero más silbante je *ye*
ll	*l*	allumer *alümé*
	y	se pronuncia como la "y" española de *yo* travailler *travayé*
ng	*ñ*	se pronuncia como la "ñ" champagne *shampáñ*
ph	*f*	pharmacie *farmasí*
qu	*k*	quantité *kantité*

r	*r*	se pronuncia como una "r" española suave, pero gutural rire *rir*
rr	*r*	se pronuncia como una "r" española , pero gutural carré *caré*
s	*s*	se pronuncia más o menos como la "s" española maison *mesón*
oi	*ua*	voiture *vuatür*
ou	*u*	se pronuncia como la "u" española mousse *mus*
u	*ü*	este sonido no existe en español; se pronuncia entre una "i" y una "u" española, es como una "i" pero redondeando los labios lune *lün*
v	*v*	se pronuncia como la "v" del inglés o el italiano, es decir, como una "f" muy muy suave voiture *vuatür*
y	*y*	se pronuncia parecido a la "y" de *yo,* pero suave payer *peyé*
z	*s*	se pronuncia como una "s" española muy suave zéro *seró*

MINIGRAMÁTICA

SUSTANTIVO

En francés, como en español, los sustantivos pueden ser masculinos y femeninos. Muchas veces, el género coincide en las dos lenguas, aunque otras muchas no ocurre así. Por ejemplo, *leche* es masculino en francés, *le lait,* y *coche* es una palabra femenina, *la voiture.* Ciertas terminaciones indican el género del nombre. Por ejemplo, *-ment* es masculino *(le parlement), -eau* es también masculino *(le tableau),* mientras que son palabras femeninas las terminadas en *-ée (l' année), -te (la nationalité),* etc. Los sustantivos forman el plural añadiendo una -s final, que casi nunca se pronuncia. Los adjetivos concuerdan en género y número con el sustantivo. Normalmente forman el femenino añadiendo una "e", que no se pronuncia: *le lait froid/la chambre froide.*

Artículo Definido

el	le, l'	*le*
la	la, l'	*la*
los, las	les	*le*

Cuando *le, la* preceden a una palabra que empieza por vocal, el artículo se convierte en *l'*: *l'ami.*

Artículo Indeterminado

un	un	*an*
una	une	*ün*
unos, unas	des	*de*

Artículo + Preposición

del	du (de le)	*dü*
de los, de las	des	*de*
al	au (à le)	*o*
a los, a las	aux (à les)	*o*

Pronombre Personal

yo	je	*ye*
tú	tu	*tü*
él	il	*il*
ella	elle	*el*
ello	on	*on*

nosotros	nous	*nu*
vosotros	vous	*vu*
ellos	ils	*il*
ellas	elles	*el*

En francés, como en inglés, el pronombre personal acompaña obligatoriamente a la forma verbal, de modo que no se puede decir *mange* (como) sino *je mange* (yo como). En lenguaje coloquial, se usa la forma de la tercera persona singular con *on* en lugar de la primera persona del plural. Es decir, *nosotros comemos* se puede decir *nous mangeons* (primera persona del plural) y *on mange* (tercera persona del singular), forma más coloquial. Para tratar de *usted,* se usa la segunda persona del plural: *vous voulez manger?* (¿quiere comer?).

Determinante Posesivo

mi	mon (masc.)/ma (fem.)	*mon/ma*
tu	ton (masc.)/ta (fem.)	*ton/ta*
su	son (masc.)/sa (fem.)	*son/sa*
nuestro	notre	*notr*
vuestro	votre	*votr*
su	leur	*lœr*

mis	mes	*me*
tus	tes	*te*
sus	ses	*se*
nuestros	nos	*no*
vuestros	vos	*vo*
sus	leurs	*lœr*

Determinante Demostrativo

este	ce (cet)	*se*
esta	cette	*set*
estos/estas	ces	*se*

Verbo

Avoir (haber)		**Être (ser)**	
j'ai	*ye*	je suis	*ye süi*
tu as	*tü a*	tu es	*tu e*
il/elle/on a	*il/el/on a*	il/elle/on est	*il/el/on e*
nous avons	*nusavón*	nous sommes	*nusóm*
vous avez	*vusavé*	vous êtes	*vusét*
ils/elles ont	*ilsón/elsón*	ils sont	*il son*

Preposiciones, Adverbios y Conjunciones

a	à	*a*
antes	avant	*aván*
cerca	prés	*pre*
con	avec	*avék*
de	de	*de*
debajo	sous	*su*
delante	devant	*deván*
dentro	dans	*dan*
después	après	*apré*
detrás	derrière	*deriér*
durante	pendant	*pandán*
en	en/à	*an/a*
en casa de	chez	*she*
en lugar de	au lieu de	*o liœ de*
encima	sur	*sür*
entonces	alors	*alór*
lejos	loin	*luán*
para	pour	*pur*
pero	mais	*me*
por	pour	*pur*
porque	parce que	*páske*
salvo	sauf	*sof*
sin	sans	*san*
también	aussi	*osí*
y	et	*e*

VOCABULARIO IMPRESCINDIBLE

Expresiones Habituales

sí	oui	*ui*
no	non	*no*
por favor	s'il vous plaît	*sil vu plé*
gracias	merci	*mersí*
de nada	de rien	*de rián*
perdone	excusez-moi/ pardon	*esküsé-mua/ pardón*
lo siento mucho	je suis desolé	*ye sui desolé*
hola	bonjour/salut	*bonyúr/salü*
adiós	au revoir/salut	*orvuár/salü*
buenos días	bonjour	*bonyúr*
buenas tardes/ noches	bonsoir	*bonsuár*
vale	d'accord	*dakór*
¿cómo está?	comment allez-vous?	*komántalé-vu?*

muy bien, gracias	très bien, merci	*tre bian, mersí*
¿y usted?	et vous?	*e vu?*
¿qué tal?	comment ça va?	*komán sa va?*
bien, gracias	ça va bien, merci	*sa va bian, mersí*
hasta luego	à bientôt	*a biantó*
hasta mañana	à demain	*a demán*
grande	grand	*gran*
pequeño	petit	*petí*
caliente	chaud	*sho*
frío	froid	*fruá*
bueno	bon	*bon*
malo	mauvais	*mové*
largo	long	*lon*
corto	court	*cur*
rápido	rapide	*rapíd*
lento	lent	*lan*
bastante	assez	*asé*
muy	très	*tre*
bien	bien	*bian*
mal	mal	*mal*
abierto	ouvert	*uvér*
cerrado	fermé	*fermé*
entrada	entrée, l'	*antré*
salida	sortie, l'	*sortí*
servicios	toilettes, les	*tualét*
libre	libre	*libr*
ocupado	occupé	*oküpé*
gratis	gratuit	*gratuí*
¡cuidado!	attention	*atansión*

Preguntas

¿qué?	quoi?	*kuá?*
¿quién?	qui?	*ki?*
¿cuál?	quel? (masc.), quelle (fem.)	*kel/kel*
¿cuándo?	quand	*kan?*
¿dónde?	où?	*u?*
¿por qué?	pourquoi?	*purkuá?*
¿hay...?	est-ce qu'il y a...?	*es kiliá...?*
¿tienen...?	est-ce que vous avez...?	*es ke vus avé?*
¿qué es eso?	qu'est-ce que c'est?	*kes ke sé?*
¿cuánto cuesta...?	combien coûte...?	*kombián kut...?*
¿dónde está...?	où est...?	*u es...?*
¿a qué hora...?	à quelle heure...?	*a kel er...?*

Días, Meses y Estaciones

lunes	lundi	*lündí*
martes	mardi	*mardí*
miércoles	mercredi	*merkredí*
jueves	jeudi	*jœdí*
viernes	vendredi	*vandredí*
sábado	samedi	*samdí*
domingo	dimanche	*dimánsh*
enero	janvier	*yanvié*

febrero	février	*fevrié*
marzo	mars	*mars*
abril	avril	*avríl*
mayo	mai	*me*
junio	juin	*yuán*
julio	juillet	*yüiyé*
agosto	août	*u*
septiembre	septembre	*septámbr*
octubre	octobre	*októbr*
noviembre	novembre	*novámbr*
diciembre	décembre	*desámbr*

primavera	printemps, le	*prantám*
verano	été, l'	*eté*
otoño	automne, l'	*otón*
invierno	hiver, l'	*ivér*

TIEMPO

segundo	seconde, une	*segónd*
minuto	minute, une	*minűt*
hora	heure, une	*œr*
media hora	demi-heure, une	*demí-œr*
cuarto de hora	quart d'heure, un	*kar dœr*
día	jour, le	*yur*
semana	semaine, la	*semén*
mes	mois, le	*muá*
año	an, l'	*an*
hoy	aujourd'hui	*oyurduí*
ayer	hier	*ier*

mañana	demain	*demán*
el 1 de julio	le premier juillet	*le premié yüiyé*
el 15 de agosto	le quinze août	*le kans u*
por la mañana	le matin	*matán*
a mediodía	à midi	*a midí*
por la tarde	l'après-midi	*lapré midí*
por la noche	le soir/la nuit	*le suar/la nüí*
a medianoche	à minuit	*a minüí*
todo el día	toute la journée	*tut la yurné*
todos los días	chaque jour	*shak yur*
ahora	maintenant	*menán*
antes	avant	*aván*
después	après	*apré*
temprano	de bonne heure	*de bon er*
tarde	en retard	*an retár*
la fecha	la date	*la dat*
¿qué hora es?	quelle heure est-il?	*kel œr et-il?*
son las 3	il est trois heures	*il e truás œr*
¿a qué hora...?	à quelle heure...?	*a kel œr...?*
¿cuándo...?	quand...?	*kan...?*

Situación

a la izquierda	à gauche	*a gosh*
a la derecha	à droit	*a druá*
recto	tout droit	*tu druá*
cerca	près	*pre*
lejos	loin	*luán*
arriba	en haut	*an o*
abajo	en bas	*an ba*

aquí	ici	*isí*
allí	la-bas	*labá*
¿dónde está/ están...?	où est/sont...?	*u e/son...?*
¿en qué dirección está...?	quelle est la direction pour...?	*kel e la diresión pur...?*

NÚMEROS

0	zéro	*seró*
1	un	*an*
2	deux	*dœ*
3	trois	*truá*
4	quatre	*katr*
5	cinq	*sank*
6	six	*sis*
7	sept	*set*
8	huit	*huít*
9	neuf	*nœf*
10	dix	*dis*
11	onze	*ons*
12	douze	*dus*
13	treize	*tres*
14	quatorze	*katórs*
15	quinze	*kans*
16	seize	*ses*
17	dix-sept	*disét*
18	dix-huit	*disúit*
19	dix-neuf	*disnœ́f*
20	vingt	*van*

21	vingt et un	*vanteán*
22	vingt-deux	*vantdœ*
30	trente	*trant*
40	quarante	*karánt*
50	cinquante	*sankánt*
60	soixante	*suasánt*
70	soixante dix	*suasánt dis*
80	quatre vingt	*katr van*
90	quatre vingt dix	*katr van dis*
100	cent	*san*
1.000	mille	*mil*
2.000	deux mille	*dœ mil*

COLORES

amarillo	jaune	*yon*
azul	bleu	*blœ*
blanco	blanc, blanche	*blan/blansh*
claro	clair	*kler*
gris	gris	*gri*
marrón	marron	*marrón*
naranja	orange	*oránsh*
negro	noir	*nuar*
oscuro	foncé	*fonsé*
rojo	rouge	*rush*
rosa	rose	*ros*
verde	vert	*ver*

CONVERSACIÓN

¿Habla español?
Parlez-vous espagnol?
Parlé-vus españól?

Hablo sólo un poco
Je parle seulement un peu
Ye parl sœlmán an pœ

Repita, por favor
Répétez, s'il vous plaît
Repeté, sil vu ple

¿Me lo podría escribir, por favor?
Pourriez-vous me l'écrire, s'il vous plaît?
Purrié-vu me lekrír, sil vu ple?

No comprendo
Je ne comprends pas
Ye ne komprán pa

¿Podría hablar más despacio, por favor?
Pouvez-vous parler moins vite, s'il vous plaît?
Puvé-vu parlé muán vit, sil vu ple?

ALOJAMIENTO

La oferta de alojamiento en Francia es amplia y de calidad. Los **hôtels** (hoteles) se dividen en cinco categorías, de ninguna a cuatro estrellas, además de cuatro estrellas lujo. Hay muchos tipos distintos de hoteles, para todos los gustos y presupuestos. Para los más jóvenes están los **auberges de jeunesse** (albergues de juventud). Los que viajen con un presupuesto ajustado pueden acudir a las **chambres d'hôte,** especie de bed and breakfast (se encuentran de todos los precios, desde muy económicas a carísimas) o a **gîtes ruraux** (hoteles familiares en el campo), como los que aparecen en la guía **Logis de France,** que suelen estar en zonas rurales o pequeñas poblaciones.

Su precio depende de la zona y el tipo de casa. Entre los hoteles de las grandes cadenas, normalmente situados en los accesos a las grandes ciudades, cerca de las autopistas, son realmente baratos los de la cadena **Formule 1,** están bien de precio los **Campanile** o los **Ibis,** y son un poco más caros los **Novotel,** normalmente de tres estrellas. Para los que quieran darse un lujo, la cadena **Relais & Chateaux** cuenta con gran número de alojamientos por toda Francia, normalmente en casas históricas o castillos rehabilitados. El precio no suele ser excesivo para lo que ofrecen.

Como en España, los franceses disfrutan sus vacaciones sobre todo en julio y agosto, por lo que en estas fechas conviene reservar con cierta antelación. Normalmente, al hacer la reserva hay que dar un número de tarjeta de crédito, aunque en los hoteles familiares a veces no lo piden.

HOTELES

Vocabulario imprescindible

aire acondicionado	climatisation, la	*klimatisasión*
albergue	auberge, l'	*obérsh*
almohada	oreiller, l'	*oreyé*
aparcamiento	parking, le	*parkín*
ascensor	ascenseur, l'	*asansœr*
balcón	balcon, le	*balkón*
baño	salle de bain, la	*sal de ban*
calefacción	chauffage, le	*shofásh*
cama	lit, le	*li*
cama individual	lit d'une personne, le	*li dün persón*
cama de matrimonio	grand lit, le	*gran li*
cena	dîner, le	*diné*
colchón	matelas, le	*matelá*
comida	déjeuner, le	*deyœné*
cuenta	addition, l'	*adisión*
desayuno	petit déjeuner, le	*petí deyœné*
ducha	douche, la	*dush*
enchufe	prise, la	*pris*
estancia	séjour, le	*seyúr*
habitación con baño	chambre avec salle de bains, la	*shambr avék sal de ban*
habitación con ducha	chambre avec douche, la	*shambr avék dush*
habitación doble/ individual	chambre double/ individuelle, la	*shambr dubl/ andividüél*

hotel	hotel, l'	*otél*
huésped	client, le	*klián*
lámpara	lampe, la	*lamp*
llave	cléf, la	*kle*
manta	couverture, la	*kuvertür*
media pensión	demi-pension, la	*demí-pansión*
pensión completa	pension complète, la	*pansión komplét*
piscina	piscine, la	*pisín*
piso	étage, l'	*etásh*
recepción	réception, la	*resepsión*
recepcionista	réceptionniste, le	*resepsioníst*
reclamación	réclamation, la	*reklamasión*
reservar	réserver	*reservé*
ruido	bruit, le	*brüí*
servicios	toilettes, les	*tualét*
temporada alta/baja	haute/ basse saison, la	*ot/bas sesón*
terraza	terrasse, la	*terrás*
ventana	fenêtre, la	*fenétr*

EL VIAJERO DICE...

Por favor, ¿tienen habitaciones libres?

S' il vous plaît, est-ce que vous avez des chambres libres?

Sil vu ple, es ke vusavé de shambr libr?

Tenemos una reserva
On a fait une réservation
On a fe ün reservasión

Querría reservar una habitación doble
con baño/con ducha
Je voudrais réserver une chambre double avec salle
de bain/avec douche
Ye vudré reservé ün shambr dubl avék sal
de ban/avék dush

Querría confirmar/anular mi reserva
Je voudrais confirmer/annuler ma réservation
Ye vudré konfirmé/anülé ma reservasión

Querría una habitación doble con dos
camas/una cama de matrimonio
Je voudrais une chambre à deux lits/avec un grand lit
Ye vudré ün shambr a dœ li/avék an gran li

¿Es posible una cama supletoria?
Est-ce qu' on peut avoir un lit supplémentaire?
Es kon pœ avuár an li süplemantér?

Para dos personas
Pour deux personnes
Pur dœ persón

Es para una/dos/tres noches
C'est pour une/deux/trois nuits
Se pur ün/dœ/truá nüí

¿Cuánto cuesta la habitación?
La chambre c'est combien?
La shambr se kombián?

¿Puedo ver la habitación?
Est-ce que je peux voir la chambre?
Es ke ye pœ vuár la shambr?

¿Hay teléfono/televisión en la habitación?
Est-ce qu'il y a téléphone/télévision
dans la chambre?
Es kiliá telefón/televisión dan la shambr?

¿Tiene garaje el hotel?
Est-ce qu' il y a un garage dans l'hôtel?
Es kiliá an garásh dan lotél?

¿Está incluido el desayuno?
Le petit déjeuner est-il compris?
Le petí deyœné etíl komprí?

¿A qué hora es el desayuno?
A quelle heure servez-vous le petit déjeuner?
A kel œr servé-vu le petí deyœné?

¿Me pueden subir el desayuno a la habitación?
Est-ce que vous pouvez me servir le petit déjeuner dans la chambre?
Es ke vu puvé me servír le petí deyœné dan la shambr?

No hay agua caliente
Il n'y a pas d'eau chaude
Il ni a pa do shod

La llave de la habitación 10, por favor
La cléf de la chambre dix, s'il vous plaît
La kle de la shambr dis, sil vu ple

¿Me podría preparar la cuenta, por favor?
Est-ce que vous pouvez préparer la note, s'il vous plaît?
Es ke vu puvé preparé la not, sil vu ple?

¿Se puede pagar con tarjeta?
Est-ce qu'on peut payer avec une carte de crédit?
Es kon pœ peyé avék ün kart de kredí?

Muchas gracias por todo
Merci beaucoup pour tout
Mersí bokú pur tu

EL RECEPCIONISTA DICE...

Est-ce que vous pouvez me donner un numéro de carte de crédit?
¿Me puede dar el número de la tarjeta de crédito?

Il nous reste seulemente une chambre double
Sólo nos queda una habitación doble

Je suis desolé, mais nous sommes complets
Lo siento muchísimo, pero estamos completos

Je vous souhaite un beau séjour ici

Le deseo una agradable estancia

Avec deux lits ou avec un grand lit?

¿Con dos camas o con cama de matrimonio?

Avec douche ou avec salle de bains?

¿Con ducha o baño?

Combien de temps pensez-vous rester?

¿Cuánto tiempo piensa quedarse?

Le prix par nuit/par personne c'est...

El precio por noche/persona est de...

Est-ce que vous pouvez remplir ce formulaire?

¿Me puede rellenar este formulario?

Votre chambre est la numéro 33, au troisième étage

Su habitación es la número 33, en el tercer piso

Le petit déjeuner est de sept heures et demie à onze heures et demie

El desayuno es de las 7.30 a las 11.30

Letreros de Utilidad

Complet	Completo
Entrée	Entrada
Entrée interdite	Prohibida la entrada
Maison d'hôtes	Bed and breakfast
Ne pas déranger	No molestar
Poussez	Empujar
Prière de...	Por favor,...
Privé	Privado
Reception	Recepción
Réservé aux clients de l'hôtel	Reservado a los clientes del hotel
Sortie de secours	Salida de emergencia

Cámpings

Vocabulario imprescindible

abrelatas	ouvre-boîtes, l'	*uvr-buát*
acampar	faire du camping	*fer dü kampín*
agua potable	eau potable, l'	*o potábl*

basura	ordures, les	*ordǘr*
caravana	caravane, la	*karaván*
colchón	matelas, le	*matlá*
cuerda	corde, la	*kord*
linterna	lampe de poche, la	*lamp de posh*
luz	lumière, la	*lümiér*
mochila	sac à dos, le	*sak a do*
saco de dormir	sac de couchage, le	*sak de kushásh*
tienda	tente, la	*tant*

EL VIAJERO DICE...

¿Hay un cámping cerca?

Est-ce qu'il y a un camping près d'ici?

Es kiliá an kampín pre disí?

¿Se puede acampar aquí?

Est-ce qu'on peut camper ici?

Es kon pœ kampé isí?

¿Cuánto cuesta una semana?

C'est combien pour une semaine?

Se kombián pur ün semén?

¿Hay sitio para una tienda?
Est-ce qu'il y a une place pour une tente?
Es kiliá ün plas pur ün tant?

¿Se puede encender fuego?
Est-ce que on peut allumer un feu?
Es kon pœ alümé an fœ?

¿Dónde están los lavabos/las duchas/la basura/los enchufes?
Où sont les lavabos/les douches/les poubelles/les prises?
U son le lavabó/le dush/le pubél/le pris?

Letreros de Utilidad

Accueil	Recepción
Camping interdit	Prohibido acampar
Cuisine	Cocina
Douches	Duchas
Eau potable/ non potable	Agua potable/ no potable
Entrée	Entrada
Lavoir	Lavadero
Sanitaires	Baños y duchas
Toilettes	Baños

Casas y Apartamentos

Vocabulario imprescindible

agencia	agence, l'	*ayáns*
aire acondicionado	climatisation, la	*klimatisasión*
almohada	oreiller, l'	*oreyé*
alquiler	loyer, le	*luayé*
baño	salle de bains, la	*sal de ban*

calefacción	chauffage, le	*shofásh*
casa	maison, la	*mesón*
céntrico	au centre	*o santr*
fianza	caution, la	*kosión*
habitación	chambre, la	*shambr*
jardín	jardin, le	*yardán*
lavadora	machine à laver, la	*mashín a lavé*
nevera	frigo, le	*frigó*
piscina	piscine, la	*pisín*
piso	appartement, l'	*apartemán*
plancha	fer à repaser, le	*fer a repasé*
sábanas	draps, les	*dra*
salón	salon, le	*salón*
terraza	terrasse, la	*terás*
toalla	serviette, la	*serviét*

EL VIAJERO DICE...

¿Cuántas habitaciones tiene?
Il y a combien de chambres?
Iliá kombián de shambr?

¿Cuánto es el alquiler por un mes?
Le loyer d'un mois c'est combien?
Le luayé dan muá se kombián?

¿Está el apartamento cerca de la playa?
Est-ce que l'appartement est près de la plage?
Es ke lapartemán e pre de la plash?

¿Tiene lavadora?
Est-ce qu' il y a une machine à laver?
Es kiliá ün mashín a lavé?

¿Hay sábanas, mantas y toallas?
Est-ce qu'il y a des draps, couvertures et serviettes dans la maison?
Es kiliá de dra, kuvertűr e serviét dan la mesón?

¿Tiene calefacción/aire acondicionado?
Il y a du chauffage/de la climatisation?
Iliá dü shofásh/de la klimatisasión?

¿El precio incluye la luz y el gas?
Est-ce que le prix comprend l'électricité et le gaz?
Es ke le pri komprán lelektrisité e le gas?

La ducha/la cocina no funciona
La douche/la cuisine ne marche pas
La dush/la küisín ne marsh pa

EN EL RESTAURANTE

La buena comida es muy importante para los franceses. La calidad general de los productos frescos y de los restaurantes suele ser muy buena, y destacan la elaboración de los platos y la gran variedad regional.

Normalmente se come de 12.00 a 14.00 y se cena de 20.00 a 22.00. Los restaurantes ofrecen una amplia gama de posibilidades, desde los pequeños y sencillos hasta los más elegantes en **châteaux** (castillos), que ofrecen la selecta cocina de los **chefs** más famosos. Cuando los franceses comen fuera, suelen ir a un **bistrot,** que ofrece buena comida a precios razonables. Un menú tradicional consta de **entrées** (entradas), **plats pijotés** (platos cocidos a fuego lento),

grillades (pescado o carne a la plancha) y queso y postre. Las **brasseries** son de origen alsaciano y se suelen encontrar en las grandes ciudades. Sirven cerveza de barril, **vin de la maison** (vino de la casa) y gran variedad de vinos regionales. Los menús incluyen platos sencillos de pescado y carnes a la plancha, y especialidades alsacianas como **choucrute garnie** (col blanca fermentada con embutido y cerdo). Los precios son similares a los de los bistrots y sirven comida durante todo el día.

Un desayuno tradicional francés consiste en bollos con mantequilla y mermelada, por ejemplo, un **croissant, pain au chocolat** (bollo relleno de chocolate) o una **brioche.** A veces también se toman **tartines** (tostadas) de **baguette,** la famosa barra de pan fina y larga que hoy también se encuentra en España. Todo ello regado con café o té. Lo más corriente por la mañana es tomar **café au lait,** café con leche.

La comida consta de tres platos. **Les entrées** u **hors d'oeuvre** (entrantes) pueden consistir en una sopa, algún plato a base de huevos, ensalada o **charcu-**

terie (embutidos). A veces, antes de empezar a comer ofrecen un **apéritif,** que no es nuestro aperitivo de picar sino una bebida alcohólica. El plato principal, de carne o pescado, se sirve con salsa y se acompaña de patatas, arroz o pasta y verdura. La mayoría de los restaurantes cuenta con un **plat du jour,** plato del día, que suele ser con productos de temporada o de una especialidad local, y resulta más económico que comer a la carta. El queso viene antes de los postres. El menú a precio fijo es la opción más barata, aunque a veces los restaurantes ofrecen más de uno, a distintos precios. Y para beber, cómo no, un estupendo vino francés. Destacan, por su calidad, los de Burdeos, Borgoña, Ródano y Champaña. Los vinos corrientes franceses también resultan muy agradables y muchas veces se sirven como vino de la casa. Pida **un pichet de vin de la maison,** una jarra de vino de la casa, cuyo precio suele ser más económico. Puede pedir **un demi** (medio litro) o **un quart** (cuarto de litro).

Vocabulario imprescindible

aceite	huile, l'	*uil*
agua	eau, l'	*o*
agua mineral	eau minerale, l'	*o minerál*
ahumado	fumé	*fümé*
aperitivo	casse-croûte, le	*kaskrút*
asado	rôti	*rotí*
beber	boire	*buár*
botella	bouteille, la	*butéi*
café con leche	café au lait, le	*kafé o le*
café solo	expresso/ café noir, le	*expresó/ kafé nuár*
caña	bière pression, la	*biér presión*
cebollino	ciboulette, la	*sibulét*
cena	dîner, le	*diné*
cenicero	cendrier, le	*sandrié*
cerveza	bière, la	*biér*
chocolate	chocolat, le	*shokolá*
cocido	bouilli	*buiyí*
comer	manger	*manyé*
comida	déjeuner, le	*deyœné*
crudo	cru	*krü*
cuchara	cuillère, la	*küiyér*
cuchillo	couteau, le	*kutó*
cuenta	addition, l'	*adisión*
desayuno	petit déjeuner, le	*petí deyœné*
en su punto/ poco hecho/ muy hecho	à point/ saignant bien cuit	*a puán/ sañán/ bián kuí*

entrante o primer plato	hors d'oeuvre, les	*or dœvr*
flambeado	flambé	*flambé*
frito	frit	*fri*
fumadores/ no fumadores	fumeurs/ non-fumeurs	*fümœr/ non-fümœr*
gratinado	gratiné	*gratiné*
helado	glace, la	*glas*
hielo (cubito)	glaçon, le	*glasón*
hierbas de Provenza	herbes de Provence, les	*erb de prováns*
infusión	infusion, l'	*anfüsión*
jarra	carafe, la	*karáf*
leche fría/caliente	lait froid/chaud, le	*le fruá/sho*
mantel	nappe, la	*nap*
mantequilla	beurre, le	*bœr*
marisco	fruits de mer, les	*früí de mer*
mayonesa	mayonnaise, la	*mayonés*
menú	menu, le	*menǘ*
menú del día	menu du jour, le	*menǘ dü yur*
mesa	table, la	*tabl*
mostaza	moutarde, la	*mutárd*
pan	pain, le	*pan*
pastel	gâteau, le	*gató*
perejil	persil, le	*persíl*
pimentón	poivron, le	*puavrón*
pimienta	poivre, le	*puávr*
plato	assiette, l'	*asiét*
propina	pourboire, le	*purbuár*

queso	fromage, le	*fromásh*
relleno	farci	*farsí*
restaurante	restaurant, le	*restorán*
romero	romarin, le	*romarán*
sal	sel, le	*sel*
salado	salé	*salé*
salsa	sauce, la	*sos*
servilleta	serviette, la	*serviét*
silla	chaise, la	*shes*
sopa	soupe, la	*sup*
tarta	tarte, la	*tart*
taza	tasse, la	*tas*
té a la menta	thé à la menthe, le	*te a la mant*
té con limón	thé au citron, le	*te o sitrón*
tenedor	fourchette, la	*furshét*
tomillo	thym, le	*tam*
vaso	verre, le	*verr*
vinagre	vinaigre, le	*vinégr*
vinagreta	vinaigrette, la	*vinegrét*
vino blanco	vin blanc, le	*van blan*
vino tinto	vin rouge, le	*van rush*
yogur	yaourt, le	*yaúrt*
zumo de naranja	jus d'orange, le	*yus doránsh*

EL VIAJERO DICE...

Querría reservar una mesa para cuatro
para esta noche a las 8
Je voudrais résérver une table pour quatre
personnes pour ce soir à 8 heures
Ye vudré reservé ün tabl pur katr persón
pur se suar a uit œr

Querría reservar una mesa en la terraza, por favor
Je voudrais résérver une table sur
la terrasse, s'il vous plaît
Ye vudré reservé ün tabl sür la terás, sil vu ple

Una mesa para dos, por favor
Une table pour deux, s'il vous plaît
Ün tabl pur dœ, sil vu ple

La carta, por favor
Le menu/la carte, s'il vous plaît
Le menǘ/la kart, sil vu ple

¿Cuál es la especialidad de la casa?
Quelle est la spécialité de la maison?
Kel e la spesialité de la mesón?

¿Tienen menú del día?
Est-ce qu'il y a un menu du jour?
Es kiliá an menű dü yur?

Una botella de vino tinto y una jarra de agua, por favor
Une bouteille de vin rouge et une carafe d'eau, s'il vous plaît
Ün butéi de van rush e ün karáf do, sil vu ple

¿Me puede traer otro cuchillo/cuchara/ tenedor, por favor?
Est-ce que je peux avoir un autre couteau/une autre cuillère/une autre fourchette, s'il vous plaît?
Es ke ye pœ avuár an otr kutó/ün otr küiyér/ün otr furshét, sil vu ple?

La cuenta, por favor
L'addition, s'il vous plaît
Ladisión, sil vu ple

¿Aceptan tarjetas de crédito?
Acceptez-vous les cartes de crédit?
Asepté-vu le kart de kredí?

¿Está incluido el servicio?
Le service est-il compris?
Le servís etíl komprí?

EL CAMARERO DICE...

Est-ce que vous avez résérvé une table?
¿Han reservado mesa?

Que désirez-vous boire/manger?
¿Qué quieren beber/comer?

Qu'est-ce que vous désirez comme dessert?
¿Qué quieren de postre?

Prendrez-vous du café?

¿Van a tomar café?

Bon appétit!

¡Que aproveche!

LETREROS DE UTILIDAD

À emporter	Para llevar
Fermé	Cerrado
Menu du jour	Menú del día
Menu gastronomique	Menú especial
Menu touristique	Menú turístico
Ouvert	Abierto
Plat du jour	Plato del día
Toilettes	Baño

La Carta

Se incluyen aquí algunos de los platos más típicos, tal como aparecen en una carta de un restaurante francés.

Hors d'oeuvre	**Entrantes**
aspic de foie-gras	foie-gras en gelatina
bouillabaisse	bullabesa
croque-monsieur	sándwich de jamón y queso empanado
crudités	verduras crudas
cuisses de grenouilles	ancas de rana
escargots à la bourguignonne	caracoles con mantequilla de ajo
oeufs à la coque	huevos pasados por agua
oeufs en cocotte	huevos cocinados con nata y mantequilla
omelette aux fines herbes	tortilla francesa a las finas hierbas
ratatouille	guiso de tomate, pimiento, berenjena y cebolla

salade frisée aux lardons	ensalada de endivias con beicon
soufflé aux épinards	suflé de espinacas
soupe à l'oignon	sopa de cebolla
soupe de poissons	sopa de pescado

Poissons	**Pescados**
brandade de morue	brandada de bacalao
coquilles St Jacques	vieiras
dorade en four	dorada al horno
homard thermidor	langosta en salsa
huîtres	ostras
matelote d'anguilles et de carpe	guiso de anguila y carpa
moules marinières	mejillones a la marinera
quenelles de brochet	croquetas de lucio
sole meunière	lenguado frito

Viandes	**Carnes**
andouillettes	pequeñas salchichas blancas

bibteck au poivre	filete a la pimienta
bifteck frites	filete con patatas fritas
blanquette de veau	ternera estofada
boeuf bonne femme	buey al horno con nata, setas y vino blanco
canard à l'orange	pato a la naranja
civet de lièvre	liebre en salsa de vino
coq au vin	gallo al vino tinto
côte de porc	chuleta de cerdo
entrecôte bercy	filete servido con salsa de vino
fricassé de volaille	aves de caza en pepitoria
gibelotte de lapin	estofado de conejo
hachis parmentier	ternera picada con puré de patatas
magret du canard	pechuga de pato
noisettes d'agneau	chuletas de cordero
pieds de porc	manitas de cerdo
pintade rôtie garnie	pintada asada
pot au feu	guiso de carne de buey y verduras

poulet rôti	pollo asado
ris de veau	mollejas de ternera
steak au poivre	filete con salsa de pimienta

Desserts	**Postres**
baba au rhum	tarta esponjosa al ron
crème caramel	flan de huevo con caramelo
crêpes flambées	crepes dulces flambeadas
gâteau St Honoré	pastel Saint Honoré
île flotante	natillas con merengue
mousse au chocolat	mousse de chocolate
pêche melba	postre de melocotón
plateau de fromages	tabla de quesos
tarte aux myrtilles	tarta de arándanos
tarte Tatin	tarta de manzana

MOVERSE POR FRANCIA

EN AUTOBÚS

Los autocares de largo recorrido sólo existen en sectores donde los trenes no ofrecen un buen servicio. La **SNCF** (equivalente a Renfe en Francia) cubre algunas líneas de autocares. **Eurolines** ofrece una gama más amplia de destinos que otras compañías. Los autobuses salen de la **Gare Routière,** que suele estar próxima a la estación de tren. En París, los autobuses son una buena alternativa al metro, pues, aunque no son tan rápidos, permiten al viajero disfrutar de la ciudad a la vez que se desplaza. El billete se compra antes de subir al autobús en los **tabac** (estancos) y se pica dentro del autobús.

Vocabulario imprescindible

autobús	bus, le	*büs*
autocar	car, le	*kar*
bajar	descendre	*desándr*
billete	ticket, le	*tiké*
estación de autobuses	gare routière, la	*gar rutiér*
parada de autobús	arrêt de bus, l'	*arré de büs*

EL VIAJERO DICE...

¿A qué hora sale el autobús a...?
À quelle heure part le bus pour...?
A kel œr par le büs pur...?

¿A qué hora sale el primer/último autobús?
À quelle heure part le premier/dernier bus?
A kel œr par le premié/dernié bus?

¿Qué autobús va a...?
Quel bus va à...?
Kel büs va a...?

¿Tiene retraso el autobús?
Est-ce que le bus a du retard?
Es ke le büs a dü retár?

¿Qué autobuses van al centro?
Quels sont les bus qui vont au centre ville?
Kel son le büs ki von o santr vil?

¿Dónde está la parada del autobús número 3?
Où est l'arrêt du bus numéro 3?
U e laré dü büs nümeró truá?

¿Pasa cerca de...?
Passez-vous près de...?
Pasé-vu pre de...?

¿Para en...?
Est-ce que vous vous arrêtez à...?
Es ke vu vus areté a...?

¿Dónde me tengo que bajar?
Où est-ce que je dois descendre?
U es ke ye duá desándr?

¿Puede avisarme cuando lleguemos a...?
Pouvez-vous me dire quand nous arrivons à...?
Puvé-vu me dir kan nus arivón a...?

EL CONDUCTOR DICE...

Vour devez descendre maintenant
Tiene que bajarse ahora

Tickets, s'il vous plaît
Billetes, por favor

Dernier arrêt
Última parada

Ce bus va à Versailles
Este autobús va a Versalles

Letreros de Utilidad

Appuyez ici	Pulsar aquí
Entrée à l'avant/ à l'arrière	Entrada por delante/ por detrás
Oblitérez votre ticket	Picar el billete

En Avión

La principal compañía aérea para vuelos nacionales es **Air France-KLM.** Las líneas **TAT (Touraine Air Transport)** y **Air Litoral** también cubren algunos tramos interiores. En general, resulta más barato y más cómodo coger el tren de alta velocidad (TGV) para desplazamientos en Francia. Sin embargo, a veces se ofrecen buenas tarifas aéreas con descuentos que justifican el uso del avión. Air France-KLM, por ejemplo, tiene un calendario con días rojos, azules y blancos (rouges, bleux, blancs). Los días rojos son los de más afluencia, los demás son azules y blancos. París es el eje central de los vuelos y cuenta con dos aeropuertos, el **Paris Roissy Charles-de-Gaulle (CDG)** y el de **Orly (ORY).** Ambos están conectados con la ciudad por autobús y tren.

Vocabulario imprescindible

aduana	douane, la	*duán*
aeropuerto	aéroport, l'	*aeropór*
asiento	place, la	*plas*
asiento de pasillo	place côté couloir, la	*plas koté kuluár*
asiento de ventanilla	place côté hublot, la	*plas koté übló*
avión	avion, l'	*avión*
azafata	hôtesse de l'air, l'	*otés de ler*
billete	billet, le	*biyé*
cinturón de seguridad	ceinture de sauvetage, la	*santűr de sovetásh*
chaleco salvavidas	gilet de sauvetage, le	*yilé de sovetásh*
conexión	correspondance, la	*korespondáns*
consigna	consigne, la	*konsíñ*
equipaje de mano	bagages à main, les	*bagásh a man*

exceso de equipaje	excédent de bagages, l'	*exsedán de bagásh*
facturación	enregistrement, l'	*anreyistremán*
líneas aéreas	lignes aériennes, les	*liñ aerién*
llegada	arrivée, l'	*arivé*
pasaporte	passeport, le	*paspór*
piloto	pilote, le	*pilót*
puerta de embarque	porte d'embarquement, la	*por dambar-kemán*
recogida de equipaje	retrait des bagages, le	*retré de bagásh*
retraso	rétard, le	*retár*
sala de espera	salle d'attente, la	*sal datánt*
salida	départ, le	*depár*
tarjeta de embarque	carte d'embarquement, la	*kart dambar-kemán*
tripulación	équipage, l'	*ekipásh*
ventanilla	hublot, le	*übló*
vuelo	vol, le	*vol*
vuelo suspendido	vol annulé, le	*vol anülé*

EL VIAJERO DICE...

¿Cómo puedo ir al aeropuerto?

Comment puis-je me rendre à l'aéroport?

Komán püí-ye me randr a leropór?

¿A qué hora sale el avión para...?
À quelle heure part l'avion pour...?
A kel œr par lavión pur...?

¿Cuánto retraso lleva el avión?
Combien l'avion aura-t-il de retard?
Kombián lavión orá-til de retár?

Querría un asiento de ventanilla, por favor
Je voudrais une place côté hublot,
s'il vous plaît
Ye vudré ün plas koté übló, sil vu ple

¿Qué puerta es para el vuelo a...?
Quelle porte pour le vol à destination de...?
Kel por pur le vol a destinasión de...?

He perdido mi maleta
J'ai perdu ma valise
Ye perdǘ ma valís

EL AUXILIAR DE VUELO DICE...

Place côté hublot ou côté couloir?
¿Ventanilla o pasillo?

Avez-vous des bagages?
¿Lleva equipaje?

Passagers du vol..., embarquement porte...
Pasajeros del vuelo..., embarquen por la puerta...

S'il vous plaît, veuillez attacher vos ceintures
Por favor, abróchense los cinturones

Voulez-vous prendre quelque chose?
¿Quiere tomar algo?

L'avion atterrira dans cinq minutes
El avión aterrizará en cinco minutos

Retirez vos bagages au terminal 3
Recojan su equipaje en la terminal 3

Letreros de Utilidad

Arrivées	Llegadas
Bureau des objets trouvés	Oficina de objetos perdidos
Correspóndance	Conexión
Défense de fumer	Prohibido fumar
Départs	Salidas
Embarquement	Embarque

En Barco

Hay un servicio regular de transbordadores que cubre el trayecto desde Marsella, Toulon y Niza hasta Córcega durante todo el año, o desde Toulon de abril a octubre. Estos barcos pertenecen a las compañías **SNCM Ferryterranée, CTN** y **Corsica Ferries.** En temporada alta, SNCM viaja dos veces por semana a Cerdeña desde los puertos de Marsella y Toulon.

SNCM y CTN también unen Túnez y Argelia con Marsella. Además, Corsica Ferries, **Corsica Maritima, Moby** y **CMN** conectan Córcega con Italia, principalmente en verano.

Los cruceros por ríos y canales son bastante populares en Francia, sobre todo en las vías navegables de Bretaña, Borgoña y el Midi. En las oficinas de turismo ofrecen el folleto **Tourisme Fluvial,** con mucha información sobre estos cruceros. En París, los barcos de recreo que recorren el Sena se llaman **Bateaux mouches.** Los paseos de una hora que ofrecen resultan muy agradables y son una buena forma de dar un primer vistazo a la ciudad.

Vocabulario imprescindible

atracar	amarrer/accoster	*amarré/akosté*
barco	bateau, le	*bató*
camarote	cabine, la	*kabín*
capitán	capitain, le	*kapitán*
crucero	croisière, la	*kruasiér*
cubierta	pont, le	*pon*
escala	escale, l'	*eskál*
hacer escala	faire escale	*fer eskál*

levar anclas	lever l'ancre	*levé lankr*
marinero	matelot, le	*matló*
muelle	quai, le	*ke*
popa	poupe, la	*pup*
proa	proue, la	*pru*
puerto	port, le	*por*
transbordador	ferry, le	*ferí*
travesía	traversée, la	*traversé*

EL VIAJERO DICE...

Querría un billete para...

Je voudrais un billet pour...

Ye vudré an biyé pur...

Querría un camarote de segunda clase

Je voudrais une cabine en deuxième classe

Ye vudré ün kabín an dœsiém klas

¿De qué muelle sale el barco?

De quel quai part le bateau?

De kel ke par le bató?

Me estoy mareando

J'ai le mal de mer

Ye le mal de mer

¿Tiene algo contra el mareo?
Avez-vous quelque chose pour le mal de mer?
Avé-vu kélke shos pur le mal de mer?

EL EMPLEADO DICE...

Vous devez être au port deux heures
avant le départ
Tiene que estar en el puerto dos horas
antes de la salida

Votre cabine est située à pope
Su camarote está situado a popa

Le bateau mouillera dans le port de Marseille
El barco atracará en el puerto de Marsella

Faites attention à la tête!
¡Cuidado con la cabeza!

Nous entrons déjà dans le port
Estamos entrando en el puerto

En Coche

Las autopistas francesas de peaje o **autoroute à péage** son modernas y resultan cómodas y seguras, aunque tienen mucho tráfico y son caras. Conviene llevar moneda suelta para utilizar el peaje automático, mucho más rápido. Los carteles indicadores de autopista son, como en España, azules con las letras blancas. Las **routes nationales (RN),** carreteras nacionales, y las **routes départamentales (D),** comarcales, suponen una buena alternativa a las autopistas. Además de salir más baratas, son una forma relajada de visitar el país. Abundan las gasolineras donde repostar, especialmente en las autopistas. El gasóleo **(gasoil o gazole)** es más barato que la gasolina normal **(essence)** y que la sin plomo **(sans plomb).**

En las grandes ciudades, lo más recomendable es aparcar el coche y moverse en transporte público. Las normas de aparcamiento varían de una ciudad a otra. La mayoría dispone de **horodateurs** (parquímetros), que suelen funcionar de 9.00 a 19.00 de lunes a viernes. A menos que se indique otra cosa, el aparcamiento es gratis sábados y domingos, festivos y en agosto.

Vocabulario imprescindible

aceite	huile, l'	*uíl*
acelerador	accélérateur, l'	*aseleratœr*
agua	eau, l'	*o*
aparcamiento	parking, le	*parkín*
atasco	embouteillage, l'	*embuteyásh*
autopista	autoroute, l'	*otorút*
autopista de peaje	autoroute à péage, l'	*otorút a peásh*
avería	panne, la	*pan*
batería	batterie, la	*batrí*
caja de cambios	boîte de vitesses, la	*buat de vités*
calle sin salida	voie sans issue, la	*vua sans isú*
carné de conducir	permis de conduire, le	*permí de kondüír*
carretera	route, la	*rut*
carretera de circunvalación de la ciudad	boulevard péripherique, le	bulvár periferík
carretera nacional	route nationale, la	*rut nasionál*
carretera provincial	route départamentale, la	*departamantál*
coche	voiture, la	*vuatür*

conducir	conduire	*kondüír*
cruce	carrefour, le	*karfúr*
depósito	réservoir, le	*reservuár*
desviación	déviation, la	*deviasión*
diesel	diesel	*disél*
embrague	embrayage, l'	*ambrayásh*
espejo retrovisor	rétroviseur, le	*retrovisœr*
faro	phare, le	*far*
freno	frein, le	*fran*
gasoil	gasoil, le/gazole, le	*gasóil/gasól*
gasolina	essence, l'	*esáns*
gasolina sin plomo	essence sans plomb, l'	*esáns san plom*
gasolinera	station service, la	*stasión servís*
intermitente	clignotant, le	*kliñotán*
límite de velocidad	limite de vitesse, la	*limít de vités*
llave	clef de contact, la	*kle de kontákt*
llenar el depósito	faire le plein	*fer le plan*
maletero	coffre, le	*kofr*
marcha atrás	marche arrière, la	*marsh ariér*
moto	moto, le	*motó*
motor	moteur, le	*motœr*
neumático	pneu, le	*pnœ*
papeles del coche	papiers du véhicule, les	*papié dü veikǘl*
parquímetro	horodateur, l'	*orodatœr*
paso a nivel	passage à niveau, le	*pasásh a nivó*
paso de peatones	passage clouté, le	*pasásh kluté*

peaje	péage, le	*peásh*
pieza de repuesto	pièce de rechange, la	*pies de reshánsh*
pinchazo	crevaison, le	*krevesón*
radiador	radiateur, le	*radiatœr*
rodeo	détour, le	*detúr*
rueda	roue, la	*ru*
seguro	police d'assurance, la	*polís dasüráns*
tarifa	tarif, le	*taríf*
tubo de escape	pot d'échappement, le	*po deshapmán*
velocidad	vitesse, la	*vités*
volante	volant, le	*volán*

EL VIAJERO DICE...

Querría alquilar un coche grande/pequeño

Je voudrais louer une voiture grande/petite

Ye vudré lué ün vuatűr grand/petít

¿Cuál es la tarifa por día/semana?

Quel est le tarif par jour/semaine?

Kel e le taríf par yur/semén?

¿Está incluido el seguro/el kilometraje?
Est-ce que l'assurance/le kilométrage
est compris/e?
Es ke lasüráns/le kilometrásh es komprí?

Por favor, ¿para ir al centro?
Pour aller au centre ville, s'il vous plaît?
Pur alé o santr vil, sil vu ple?

¿A qué distancia está...?
Quelle distance y a-t-il jusqu'à...?
Kel distáns i atíl jǘska...

¿Es buena la carretera?
La route est-elle bonne?
La rut etél bon?

¿Cuál es la mejor forma de ir a...?
Quelle est la meilleure route pour aller à...?
Kel e la moyœr rut pur alé a...?

¿Es esta la carretera para...?
C'est la route pour...?
Se la rut pur...?

¿Dónde está la próxima gasolinera?
Où est la prochaine station service?
U e la proshén stasión servís?

Lleno, por favor
Le plein, s'il vous plaît
Le plan, sil vu ple

¿Cuánto es?
C'est combien?
Se kombián?

¿Puedo aparcar aquí?
Est-ce que je peux garer ici?
Es ke ye pœ garé isí?

Querría un mapa de carretera, por favor
Je voudrais une carte routière, s'il vous plaît
Ye vudré ün kart rutiér, sil vu ple

¿Dónde puedo aparcar el coche?
Où est-ce que je peux garer ma voiture?
U es ke ye pœ garé ma vuatǘr?

Se me ha averiado el coche

Ma voiture est tombée en panne

Ma vuatűr e tombé an pan

El motor no arranca

Le moteur ne démarre pas

Le motœr ne demár pa

Revise los frenos, por favor

Vérifiez les freins, s'il vous plaît

Verifié le fran, sil vu ple

¿Cuánto tardará en arreglarlo?

Combien de temps mettrez-vous pour l'arranger?

Kombián de tam metré-vu pur laranyé?

Ha habido un accidente

Il y a eu un accident

Iliá ü an aksidán

EL EMPLEADO DICE...

C'est ne pas loin. Il n'y a que dix kilomètres

No está lejos, a 10 kilómetros

Nous devons commander des pièces de rechange
Tenemos que pedir piezas de recambio

Ça y est, c'est réparé
Ya está arreglado

Tournez à droite/à gauche
Gire a la derecha/a la izquierda

Par ici
Por aquí

Par là
Por allí

Continuez tout droit
Siga todo recto

Tournez à gauche au prochain croisement
Gire a la izquierda en el próximo cruce

Letreros de utilidad

Aire de service	Área de servicio
Annulation	Anular
Attention	Cuidado
Autres directions	Otras direcciones
Bis/Bison futée	Ruta alternativa
Boulevard péripherique	Carretera de circunvalación
Cédez le passage	Ceda el paso
Centre ville	Centro
Chaussée déformée	Carretera en mal estado
Cul de sac	Calle sin salida
Danger	Peligro
Déviation	Desvío
Gare de péage	Estación de peaje
Gravillons	Grava
Péage	Peaje
Ralentir	Disminuir la velocidad

Sens interdit	Dirección prohibida
Sens unique	Sentido único
Serrez à droite	Pegarse a la derecha
Stationnement interdit	Prohibido aparcar
Toutes directions	Todas las direcciones
Travaux	Obras
Virages	Curvas

En Metro

En París, la forma más rápida de moverse es el metro, que lleva a todos los sitios de interés. Los billetes se compran en las taquillas de cada estación, y es importante no tirarlo hasta estar de nuevo en la calle, porque muchas veces hay que pasarlo por la máquina otra vez para poder salir. Si se va a utilizar mucho, sale más económico un **carnet,** o taco de billetes.

Vocabulario imprescindible

andén	quai, le	*ke*
billete	ticket, le	*tiké*
estación	station, la	*stasión*
horario	horaire, l'	*orér*
línea	ligne, la	*liñ*
mapa del metro	plan du réseau, le	*plan dü resó*
metro	métro, la	*metró*
taco de billetes	carnet de tickets, le	*karné de tiké*
transbordo	changement, le	*shanyemán*
vagón	wagon, le	*vagón*

EL VIAJERO DICE...

¿Qué línea tengo que coger para ir a la estación?
Quelle ligne dois-je prendre pour aller à la gare de chemin de fer?
Kel liñ duá-ye prandr pur alé a la gar de shemán de fer?

¿Qué línea va a... ?
Quelle ligne va à...?
Kel liñ va a...?

¿Cuál es la próxima estación?
Quelle est la prochaine station?
Kel e la proshén stasión?

¿Dónde me tengo que bajar para ir a...?
Où est-ce que je dois descendre pour aller à...?
U es ke ye duá desándr pur alé a...?

En Taxi

Los precios de los taxis varían, como en España, de una región a otra. Todos los taxis llevan un **compteur** (taxímetro). La bajada de bandera cuesta unos 2 €. Suele haber parada de taxis en los aeropuertos, estaciones de tren y en el centro de las ciudades. En las grandes ciudades a veces se puede parar un taxi por las calles; en las pequeñas y en los pueblos, normalmente hay que llamarlos por teléfono o ir a la parada.

Vocabulario imprescindible

libre	libre	*libr*
ocupado	occupé	*oküpé*
parada	station de taxi, la	*stasión de taxí*

propina	pourboire, le	*purbuár*
recibo	reçu, le	*resǘ*
taxi	taxi, le	*taxí*
taxímetro	compteur, le	*komtœr*

EL VIAJERO DICE...

¿Cuánto cuesta un taxi al aeropuerto?

Combien coûte un taxi jusqu'à l'aeroport?

Kombián kut an taxí jǘska leropór?

¿Está incluido el equipaje en el precio?

Les bagages sont compris?

Le bagásh son komprí?

¿Dónde puedo encontrar un taxi?

Où puis-je trouver un taxi?

U püí-ye truvé an taxí?

¿Está libre?

Vous êtes libre?

Vus et libr?

Lléveme a la calle..., por favor
Emmenez-moi à la rue..., s'il vous plaît
Emené-mua a la rü..., sil vu ple

Pare aquí, por favor
Arrêtez-vous ici, s'il vous plaît
Areté-vu isí, sil vu ple

¿Me puede esperar un momento, por favor?
Pouvez-vous attendre un instant, s'il vous plaît?
Puvé-vu atándr an anstán, sil vu ple?

¿Cuánto es?
C'est combien?
Se kombián?

Quédese con el cambio
Gardez la monnaie
Gardé la moné

EN TREN

La compañía estatal de ferrocarriles, **Societé National des Chemins de Fer (SNCF),** cuenta con una excelente infraestructura que cubre todo el país. Los trenes son muy puntuales y resulta fácil y agradable viajar en ellos por Francia. El tren de alta velocidad, **Trains à Grande Vitesse (TGV),** recorre en 3 horas los trayectos Lille-Lyón o París-Marsella. La red tiene tres rutas que parten de París, el **TGV Nord,** que sale de la Gare du Nord hacia el norte, el **TGV Atlantique,** que parte de la Gare de Montparnasse y lleva hasta Bretaña, y el **TGV Sud-Est,** que sale de la Gare de Lyon y conecta París con Marsella. Aparte del TGV, los trenes regulares son frecuentes, rápidos y cómodos. Para trayectos largos resulta muy cómodo el coche-cama, con compartimentos de primera clase y de segunda clase o **couchettes** (literas). Para el TGV y el coche-cama es obligatoria la reserva. Los billetes se compran en la estación, donde además de la ventanilla suele haber una máquina que expende billetes, la **billeterie automatique.** Hay que validar el billete antes de subir al tren en un **composteur,** máquina de color naranja que se encuentra en los vestíbulos de las estaciones y en la cabecera de los andenes.

Vocabulario imprescindible

andén	quai, le	*ke*
coche-cama	wagon-lit, le	*vagón-li*
compartimento	compartiment, le	*kompartimán*
consigna	consigne, la	*konsíñ*
equipaje	bagages, les	*bagásh*
estación	gare, la	*gar*
horario	horaire, l'	*orér*
ida	aller simple	*alé sampl*
ida y vuelta	aller-retour	*alé-retúr*
litera	couchette, la	*kushét*
máquina para validar billetes	composteur, le	*kompostœr*
mochila	sac à dos, le	*sak a do*
parada	arrêt, l'	*aré*
primera/ segunda clase	première/ seconde classe, la	*premiér/ segónd klas*
revisor	contrôleur, le	*kontrolœr*
suplemento	supplément, le	*süplemán*
taquilla	guichet, le	*guishé*
tren	train, le	*tran*
tren de alta velocidad	TGV, le	*teyevé*

tren de cercanías	train regional, le	*tran reyionál*
tren directo	train direct, le	*tran dirékt*
vagón	wagon, le	*vagón*
vagón-restaurante	wagon-restaurant, le	*vagón restorán*
vía	voie, la	*vua*
viajero	voyageur, le	*vuayayœr*

EL VIAJERO DICE...

¿Por favor, dónde está la estación?

Où se trouve la gare, s'il vous plaît?

U se truv la gar, sil vu ple?

¿Cuánto cuesta el billete de ida y vuelta a...?

Quel est le prix du billet aller-retour pour...?

Kel e le pri dü biyé alé-retúr pur...?

Dos billetes para...

Deux billets pour...

Dœ biyé pur...

Un billete de segunda clase para..., por favor

Un aller deuxième classe pour..., s'il vous plaît

An alé dœsiém klas pur..., sil vu ple

¿Hay descuento para estudiantes?
Il y a un tarif réduit pour étudiants?
Iliá an tarif redüí pur etudián?

Soy jubilado/estudiante
Je suis retraité/étudiant
Je süí retreté/etüdián

¿Hay que pagar suplemento?
Est-ce qu'il y a un supplément à payer?
Es kiliá an süplemán a peyé?

¿A qué hora sale el tren para…?
À quelle heure part le train pour...?
A kel œr par le tran pur…?

¿De qué andén sale el tren para…?
De quel quai part le train pour...?
De kel ke par le tran pur...?

¿Hay que hacer transbordo?
Y a-t-il un changement à faire?
Y atíl an shanyemán a fer?

¿A qué hora llega a...?
À quelle heure arrive-t-il à...?
A kel œr arivtíl a...?

¿Está ocupado/libre este asiento?
Est-ce que cette place est prise/libre?
Es ke set plas e pris/libr?

EL EMPLEADO DICE...

Pour quel train?
¿Para qué tren?

Fumeurs ou non fumeurs?
¿Fumadores o no fumadores?

Il n'y a pas de train aujourd'hui
Hoy no hay tren

Il n'y a plus de places disponibles
No queda sitio

Nous avons dix minutes de rétard
Llevamos diez minutos de retraso

Le train a été annulé/a du rétard
El train ha sido anulado/sale con retraso

Le train pour Paris part sur le quai numéro 3
El tren de París sale de la vía 3

Cette place est occupée
Este asiento está ocupado

Les tickets, s'il vous plaît
Billetes, por favor

Il vous faut changer de train à Tours
Tiene que hacer transbordo en Tours

Letreros de Utilidad

Accès au quais	Acceso a los andenes
Billeterie automatique	Máquina de billetes
Compostez votre billet	Picar el billete
Gare	Estación
Introduire ici	Introducir por aquí
SNCF	Equivalente a RENFE
TGV	Tren de alta velocidad (AVE)
Valable 24 heures maximum après compostage	Válido 24 horas tras convalidación

OCIO Y TIEMPO LIBRE

Museos y Otros Lugares de Interés

La cultura y las artes se toman en serio en el país vecino. El Estado financia una amplia red de centros de arte provinciales y sus subsidios han permitido experimentar en arte y diseño. Por tanto, se puede estar seguro de disfrutar de buenos museos y galerías de arte, no sólo en París sino también en el resto del país. La mayoría de los museos en Francia cobra entrada. Los domingos la tarifa puede ser reducida. Los menores de 18 años, los estudiantes menores de 26 años (con el carné joven internacional) y los mayores de 60 normalmente tienen descuento.

El horario de los monumentos y museos suele ser de 10.00 a 17.40. La mayoría no abre los festivos. Los museos nacionales cierran los martes, salvo algunos que lo hacen los lunes, y los municipales, los lunes.

Vocabulario imprescindible

abadía	abbaye, l'	*abái*
arqueológico	archéologique	*arkeoloyík*
arte	art, l'	*ar*
ayuntamiento	hôtel de ville, l'	*otél de vil*
capilla	châpelle, la	*shapél*
castillo	château, le	*sható*
catedral	cathédrale, la	*katedrál*
ciudad vieja	vieille ville, la	*viéi vil*
claustro	cloître, le	*kluátr*
cuadro	tableau, le	*tabló*
cueva	grotte, la	*grot*
cúpula	coupole, la	*kupól*
dibujo	dessin, le	*desán*
edificio	bâtiment, le	*batmán*
entrada	billet, le	*biyé*
escultura	sculpture, la	*skülptǘr*
estatua	statue, la	*statǘ*
exposición	exposition, l'	*exposisión*
guía	guide, la	*guid*

horario de visita	heures de visite, les	*œr de visít*
iglesia	église, l'	*eglís*
mármol	marbre, le	*marbr*
monumento	monument, le	*monümán*
murallas	remparts, les	*rampár*
museo	musée, le	*müsé*
oficina de turismo	office de tourisme, l'	*ofís de turísm*
ópera	opéra, l'	*operá*
palacio	palais, le	*palé*
parlamento	parlement, le	*parlemán*
parque	parc, le	*par*
patio	cour, la	*kur*
piedra	pierre, la	*piér*
pintura	peinture, la	*pantű́r*
puente	pont, le	*pon*
sala	salle, la	*sal*
teatro	théâtre, le	*teátr*
torre	tour, la	*tur*

EL VIAJERO DICE...

¿Dónde está la oficina de turismo?

Où est l'office de tourisme?

U e lofís de turísm?

¿Cuáles son los sitios más interesantes?

Quels sont les endroits les plus intéressants?

Kel son les andruá le plüs anteresán?

¿A qué hora abre el Museo de Bellas Artes?
À quelle heure ouvre le Musée des Beaux-Arts?
A kel œr uvr le müsé de bosár?

¿Se puede visitar...?
Est-ce qu'on peut visiter...?
Es kon pœ visité...?

¿Hay que pagar entrada?
Est-ce qu'il faut payer l'entrée?
Es kil fo peyé lantré?

¿Se puede hacer una visita guiada?
Est-ce qu'on peut faire une visite guidée?
Es kon pœ fer ün visít guidé?

¿Puedo hacer fotos?
Est-ce que je peux prendre des photos?
Es ke ye pœ prandr de fotó?

Letreros de Utilidad

Entrée libre	Entrada libre
Défense de photographier	Prohibido hacer fotos

Cine, Conciertos y Teatro

En Francia, intelectuales, artistas y diseñadores gozan de gran prestigio social. La industria de la música y el cine francés, así como la propia lengua francesa, gozan de subsidios y ayudas del Estado que suponen un gran impulso para su desarrollo.

Las entradas de cine, conciertos y teatro se venden en las taquillas, aunque normalmente se pueden comprar también por teléfono, con tarjeta de crédito. En París se pueden adquirir con antelación en la FNAC o en Virgin Megastore. Las taquillas de los teatros suelen abrir de 11.00 a 19.00. En París, las dos mejores guías de ocio, con toda la información sobre conciertos, obras de teatro y películas, son *Pariscope* y *L'officiel des Spectacles;* ambas salen los miércoles.

Vocabulario imprescindible

acto	acte, l'	*akt*
actor	acteur, l'	*aktœr*
actriz	actrice, l'	*aktrís*
asiento	place, la	*plas*
ballet	ballet, le	*balé*
cine	cinéma, le	*sinemá*
comedia	comédie, la	*komedí*
concierto	concert, le	*konsér*
dibujos animados	dessins animés, les	*desáns animé*
director	chef d'orchestre, le	*shef dorkéstr*
documental	documental, le	*dokumantál*
entrada	billet, le	*biyé*
entreacto	entreacte, l'	*antrákt*
escenario	scène, la	*shen*
espectáculo	spectacle, le	*spektákl*
estreno	première, la	*premiér*
fila	rang, le	*ran*
función	séance, la	*seáns*
guardarropa	vestiaire, le	*vestiér*
jazz	jazz, le	*jas*
música clásica	musique classique, la	*müsík klasík*

músico	musicien, le	*müsisián*
obra	pièce, la	*pies*
ópera	opéra, l'	*operá*
orquesta	orchestre, l'	*orkéstr*
pantalla	écran, l'	*ekrán*
pasillo	couloir, le	*kuluár*
película	film, le	*film*
película doblada	film doublé, le	*film dublé*
sala de conciertos	salle de concerts, la	*sal de konsér*
taquilla	guichet, le	*guishé*
teatro	théatre, le	*teátr*
telón	rideau, le	*ridó*
venta anticipada	vente anticipée, la	*vant antisipé*
versión original con subtítulos	version originale sous-titrée, la	*versión originál sutitré*

EL VIAJERO DICE...

Me gustaría ver alguna película francesa

Je voudrais voir quelque film français

Ye vudré vuár kélke film fransé

¿Hay tarifa reducida?

Est-ce qu'il y a un tarif réduit?

Es kiliá an taríf reduí

Querría un asiento en la fila..., por favor
Je voudrais une place du rang..., s'il vous plaît
Je vudré ün plas dü ran..., sil vu ple

Por favor, dos butacas centrales
Deux fauteuils centrals, s'il vous plaît
Dœ fotéi santrál, sil vu ple

Demasiado lejos, prefiero más cerca
Trop loin. Je préfère des places plus proches
Tro luán. Ye prefér de plas plü prosh

¿A qué hora empieza la película?
À quelle heure commence le film?
A kel œr kománs le film?

Dos palcos para el concierto de esta noche, por favor
Deux loges pour le concert de ce soir, s'il vous plaît
Dœ losh pur le konsér de se suár, sil vu ple

¿Qué ponen en el teatro esta noche?
Quelle pièce joue-t-on ce soir au théâtre?
Kel pies yutón se suár o teátr?

¿Cuánto dura?
Combien dure-t-elle?
Kombián dur-tel?

Un programa, por favor
Un programme, s'il vous plaît
An prográm, sil vu ple

Letreros de utilidad

Complet	Completo
Sortie	Salida

Deportes

La gran diversidad geográfica hace de Francia un lugar idóneo para practicar una amplia variedad de actividades deportivas, desde deportes acuáticos hasta esquí de montaña, ciclismo, tenis, baloncesto... Para los que les guste caminar, a lo largo y ancho del país se extienden 30.000 kilómetros de **Grandes Randonnées** (rutas de largo recorrido) y **Petites Randonées** (rutas más cortas), perfectamente señalizadas. Es conveniente acercarse a las oficinas de turismo locales e informarse de las actividades deportivas que pueden practicarse en cada región, así como de los cursos programados existentes, posibilidad de alquiler de equipos y normas o requisitos necesarios. Resulta especialmente útil cuando se trata de practicar deportes de riesgo, como rafting o alpinismo, o de dejarse contagiar por el espíritu aventurero y embarcarse en un paseo en globo o un viaje en ala delta o parapente. Las instalaciones para practicar deportes como tenis, natación o golf, suelen ser buenas, y el esquí ofrece infinitas posibilidades.

Por último, es recomendable contactar con la federación del deporte que se desee practicar, ya que siempre dispone de información útil y actualizada.

Vocabulario imprescindible

ajedrez	èchecs, les	*eshék*
alpinismo	alpinisme, l'	*alpinísm*
arena	sable, la	*sabl*
atletismo	athlétisme, l'	*atletísm*
badminton	badminton, le	*badmintón*
balón	ballon, le	*balón*
baloncesto	basket-ball, le	*basketból*
bañador	maillot de bain, le	*mayó de ban*
barca	barque, la	*bark*
bastones de esquí	bâtons de ski, les	*batón de ski*
bicicleta	bicyclette, la/vélo, le	*bisiklét/veló*
bicicleta de montaña	vélo tout terrain, le	*veló tu terrán*
botas de esquí	chaussures de ski, les	*shosúr de ski*
botella de oxígeno	bouteille d'oxygène, la	*butéi doxiyén*
caña de pescar	canne à pêche, la	*kan a pesh*
campo de fútbol	terrain de foot, le	*terán de fut*
cazar	chasser	*shasé*
equipo	équipe, une	*ekíp*
esquí	ski, le	*ski*
esquí acuático	ski nautique, le	*ski notík*
esquí alpino	ski alpin, le	*ski alpán*
esquí de fondo	ski de fond, le	*ski de fon*
esquiar	faire du ski, skier	*fer dü ski/skié*
estadio	stade, le	*stad*
forfait	forfait, le	*forfé*

fútbol	football, le/foot, le	*fútbol/fut*
golf	golf, le	*golf*
hacer vela	faire de la voile	*fer de la vual*
hacer windsurf	faire de la planche à voile	*fer de la plansh a vual*
mar	mer, la	*mer*
montar a caballo	faire de l'équitation	*fer de lekitasión*
montar en bicicleta	faire du vélo	*fer dü veló*
natación	natation, la	*natasión*
ola	vague, la	*vag*
orilla	bord, le	*bor*
patinar sobre hielo	faire du patin à glace	*fer dü patán a glas*
patines (de hielo)	patins à glace, les	*patán a glas*
pedales	pédalo, le	*pedaló*
pelota	balle, la	*bal*
pesca	pêche, la	*pesh*
pescar	pêcher	*peshé*
petanca	pétanque, la	*petánk*
piscina cubierta/ descubierta	piscine couverte/ en plein air, la	*pisín kuvért/ an plan er*
pista de aprendices	piste pour débutants, la	*pist pur debután*
pista de esquí	piste, la	*pist*
pista de golf	terrain de golf, le	*terrán de golf*
pista de hielo	patinoire, la	*patinuár*
pista de tenis	court de tennis, le	*kur de tenís*
playa	plage, la	*plash*
raqueta	raquette, la	*rakét*

remonte	remonte-pente, le	*remónt-pant*
tabla de surf	planche de surf, la	*plansh de surf*
tenis	tenis, le	*tenís*
teleesquí	téléski, le	*teleskí*
trampolín	plongeoir, le	*plonyuár*
vela	voile, la	*vual*
velero	voilier, le	*vualié*

EL VIAJERO DICE...

¿Es peligroso bañarse aquí?

Est-il dangereux de se baigner ici?

Et-il danyerœ de se bañé isi?

¿Dónde puedo alquilar una bicicleta?

Où est-ce que je peux louer un vélo?

U es ke ye pœ lué an veló?

¿Se puede pescar en este río?

Peut-on pêcher dans ce fleuve?

Pet-on peshé dan se flœv?

Quisiera reservar una pista para mañana

Je voudrais résérver une piste pour demain

Ye vudré reservé ün pist pur demán

¿Cuánto cuesta al día/la hora?
Quel est le prix pour une journée/une heure?
Kel e le pri pur ün yurné/ün œr?

¿Hay duchas?
Y-a-t'il des douches?
Y atíl de dush?

Querría tomar clases de esquí
Je voudrais prendre des leçons de ski
Ye vudré prandr de lesón de ski

¿Cuánto cuesta el forfait de un día/de una semana?
Quel est le prix d'un forfait journalier/hebdomadaire?
Kel e le pri dan forfé yurnalié/ebdomadér

¿Dónde están las pistas para principiantes?
Où se trouvent les pistes pour débutants?
U se truv le pist pur debután?

Quisiera saber si mañana hará buen tiempo
Je voudrais savoir s'il fera beau temps demain
Ye vudré savuár sil ferá bo tam demán

EL VIGILANTE DICE...

La mer est houleuse et il y a beaucoup de vagues
El mar está picado y hay muchas olas

L'eau est très sale
El agua está muy sucia

Attention, il y a beaucoup de roches
Cuidado, hay muchas rocas

Letreros de Utilidad

Baignade interdite	Prohibido bañarse
Courant dangereux	Corriente peligrosa
Gymnase	Gimnasio
Location de bateaux/ vélos	Alquiler de barcos/ bicicletas
Pêche interdite	Prohibido pescar
Plongée interdite	Prohibido bucear

Salir de copas

Vocabulario imprescindible

agua	eau, l'	*o*
bailar	danser	*dansé*
bar	bar, le	*bar*
cerveza	bière, la	*biér*
coca-cola	coca-cola, le	*koká-kolá*
concierto	concert, le	*konsér*
discoteca	boîte, la/ discothèque, la	*buát/diskoték*
espectáculo	spectacle, le/show, le	*spektákl/shou*
ginebra	gin, le	*yin*
hielo (cubito)	glaçon, le	*glasón*
jazz	jazz, le	*yas*
ron	rhum, le	*rom*
salir	sortir	*sortír*
whisky	whisky, le	*guiskí*
vermú	Martini, le	*martiní*

EL VIAJERO DICE...

¿Vamos a tomar algo?

On va boire un pot?

On va buar an po?

Vale
D'accord
Dakór

¿Qué haces esta noche/este fin de semana?
Que fais-tu ce soir/ce week-end?
Ke fe-tü se suár/se guikén?

¿Dónde se puede bailar?
Où peut-on danser?
U pœt-on dansé?

¿Quieres ir a bailar?
Si nous allions danser?
Si nus alión dansé?

Me encantaría ir
J' irais avec plaisir
Yiré avék plesír

COMPRAS

Ir a la Compra

Las tiendas de alimentación normalmente abren de 8.30 a 19.30, con pausa para comer, de martes a sábado. El horario de las más pequeñas es desde las 7.00 u 8.00 hasta las 12.00 o 13.00; en el norte cierran para comer durante 2 horas y en el sur entre 3 y 4. Por la tarde, cierran a las 19.00. Los grandes almacenes, supermercados e hipermercados suelen abrir de 9.00 a 22.00, y no cierran a mediodía. Las panaderías abren los domingos por las mañanas, de modo que los franceses puedan desayunar su **baguette** fresca con un buen **croissant.**

Aunque quizá los precios no sean tan convenientes como en las grandes superficies, merece la pena acercarse a las pequeñas tiendas del centro de las ciudades, como la **boulangerie** (panadería), **fromagerie** –donde se encuentra una gran variedad de los estupendos quesos franceses– o la **épicerie,** una especie de tienda de ultramarinos. Muchos miércoles y sábados por la mañana hay **marchés** (mercados) al aire libre en la plaza principal de los pueblos, donde además de comida se puede comprar ropa, toallas, manteles... En Francia, como en España, se sigue haciendo la compra todos los días, por lo que los mercados de alimentación suelen estar llenos. Los de frutas y verduras abren alrededor de las 8.00 hasta las 13.00 y de 16.00 a 19.00.

Los vinos más conocidos por su calidad son los de Burdeos, Borgoña, el Ródano y Champaña, aunque los vinos corrientes de todos los días resultan también muy agradables. Si procede de una zona definida llevará la **appellation contrôlée** (denominación de origen). Si es un vino más genérico se denomina

vin du pays o **vin de table.** En las zonas productoras de vino se pueden hacer degustaciones **(dégustations)** en los viñedos y comprar vino en botellas o garrafas **(en vrac)**.

Vocabulario imprescindible

aceite	huile, l'	*uíl*
aceitunas	olives, les	*olív*
ajo	aïl, l'	*ai*
alcachofa	artichaud, l'	*artishó*
anchoa	anchois, l'	*anshuá*
apio	céleri, le	*selrí*
arroz	riz, le	*ri*
atún	thon, le	*ton*
azúcar	sucre, le	*sukr*
bacalao	morue, la	*morǘ*
barato	bon marché	*bon marshé*
berenjena	aubergine, l'	*oberyín*
bolsa de plástico	poche en plastique, la	*posh an plastík*
botella	bouteille, la	*butéi*
buey	boeuf, le	*bœf*
carne	viande, la	*viand*
carne picada	viande hachée, la	*viand ashé*
caro	cher	*sher*
cebolla	oignon, l'	*oñón*

cerdo	porc, le	*por*
col	chou, le	*shu*
coliflor	chou-fleur, le	*shu-flœr*
comprar	acheter	*ashté*
conejo	lapin, le	*lapán*
cordero	agneau, l'	*añó*
descuento	réduction, la	*redüksión*
dinero	argent, l'	*aryán*
espárrago	asperge, l'	*aspérsh*
espinacas	épinards, les	*epinár*
filete	steak, le	*stek*
gambas	crevettes, les	*krevét*
grandes almacenes	grand magasin, le	*gran magasán*
guisante	petit pois, le	*petí pua*
harina	farine, la	*farín*
hígado	foie, le	*fua*
hipermercado	hypermarché, l'	*ipermarshé*
huevo	oeuf, l'	*œf*
jamón	jambon, le	*yambón*
judías verdes	haricots verts, les	*arikó ver*
lechuga	salade, la	*salád*
lenguado	sole, la	*sol*
mantequilla	beurre, le	*bœr*
manzana	pomme, la	*pom*
margarina	margarine, la	*margarín*
mejillón	moule, la	*mul*
mercado	marché/halle, le	*marshé/al*
merluza	colin, le	*kolán*
mermelada	marmelade, la	*marmelád*
moneda	pièce, la	*pies*

oca	oie, l'	*uá*
ostra	huître, l'	*uítr*
pan	pain, le	*pan*
paquete	paquet, le	*paké*
patata	pomme de terre, la	*pom de ter*
pato	canard, le	*kanár*
pavo	dinde, le	*dand*
pepino	concombre, le	*konkómbr*
pierna de cordero	gigot d'agneau, le	*gigó dañó*
pimiento	piment, le	*pimán*
pollo	poulet, le	*pulé*
precio	prix, le	*pri*
queso	fromage, le	*fromásh*
sal	sel, le	*sel*
salchicha	saucisse, la	*sosís*
salchichón	saucisson, le	*sosisón*
salmón	saumon, le	*somón*
salmonete	rouget, le	*ruyé*
sardina	sardine, la	*sardín*
supermercado	supermarché, le	*süpermarshé*
tarjeta de crédito	carte de crédit, la	*kart de kredí*
ternera	veau, le	*vo*
tienda	magasin, un	*magasán*
tomate	tomate, la	*tomát*
trozo	morceau, le	*morsó*
trucha	truite, la	*truít*
vender	vendre	*vandr*
vinagre	vinaigre, le	*vinégr*
zanahoria	carotte, la	*karót*

EL VIAJERO DICE...

Me pone un kilo de manzanas, por favor
Donnez-moi un kilo de pommes, s'il vous plaît
Doné-muá an kiló de pom, sil vu ple

Para comer esta noche
Pour manger ce soir
Pur manyé se suár

No demasiado maduro, por favor
Pas trop mûr, s'il vous plaît
Pa tro mur, sil vu ple

Un trozo de ese queso, por favor
Un morceau de ce fromage, s'il vous plaît
An morsó de se fromásh, sil vu ple

Querría una botella de aceite de oliva
Je voudrais une bouteille d'huile d'olive
Ye vudré ün butéi duil dolív

Un paquete de arroz, por favor

Un paquet de riz, s'il vous plaît

An paké de ri, sil vu ple

Un poco más, por favor

Un peu plus, s'il vous plaît

An pœ plü, sil vu ple

¿Cuánto es?

C'est combien?

Se kombián?

¿Puedo pagar con tarjeta de crédito?

Est-ce que je peux payer avec ma carte de crédit?

Es ke ye pœ peyé avék ma kart de kredí?

Letreros de Utilidad

Boucherie	Carnicería
Boulangerie	Panadería
Charcuterie	Tienda de quesos y embutidos

Confiserie	Confitería
Crémerie	Lechería
Épicerie	Ultramarinos
Pâtisserie	Pastelería
Poissonerie	Pescadería

Ir de Compras

En las grandes ciudades, las tiendas de mayor tamaño suelen abrir de 9.00 o 9.30 a 20.00. El horario del resto de las tiendas es de 9.00 a 18.00, de lunes a sábado, con pausa para comer. Muchos comercios cierran, además de los domingos, los lunes por la mañana, aunque en París y otras grandes ciudades algunas tiendas están empezando a abrir los domingos.

Los hipermercados se hallan, como en España, a las afueras de las ciudades, y normalmente aparecen señalados con un cartel de **Centre commercial.** Entre los más conocidos figuran Auchan, Carrefour y Leclerc. Los **Grand magasin** (grandes almacenes) suelen estar en el centro, y entre ellos destacan las

Galerías Lafayette, Printemps, Monoprix o Prisunic. Para pagar, la tarjeta más extendida el la **Visa/Carte Bleue. Eurocard/Mastercard** también es aceptada en toda Francia. En cambio, en muchos negocios franceses no admiten la tarjeta **American Express,** dadas las altas comisiones de recargo.

En Francia hay una gran variedad de artesanía y cerámica, y el precio es más razonable en los centros donde se produce, como Aubagne, cerca de Marsella, y Vallauris, cerca de Gras. Destaca también la famosa porcelana de Limoges, y Baccarat, en Lorraine, famoso por su cristal.

En cualquier ciudad francesa se puede comprar todo tipo de ropa, desde la de alta costura **–haute couture–** a la estándar **–prêt-à-porter–** o la más informal. París sigue siendo, naturalmente, la capital de la moda. Las casas de **haute couture** (alta costura) están concentradas en la **Rive Droite** (Orilla Derecha), en el Faubourg St. Honoré y la Avenue Montaigne. Aquí están ubicadas Chanel, Christian Lacroix, Guy Laroche, Nina Ricci, Yves Saint-Laurent y Christian Dior, entre otras.

Si lo que le gustan son los **marché aux puces** o rastros, en las ciudades más grandes suele haber uno los domingos por la mañana. En París son muy conocidos el Marché aux Puces de St-Ouen y el Marché de la Porte de Vanves. También son habituales los **brocantes** (mercadillos de antigüedades).

Vocabulario imprescindible

agencia de viajes	agence de voyages, l'	*ayáns de vuayásh*
ampliación	agrandissement, l'	*agrandismón*
anillo	bague, la	*bag*
artesanía	objets artisanaux, les	*obyé artisanó*
blanco y negro	noir et blanc	*nuár e blan*
brillo/mate	brillant/mate	*brilán/mat*
camisa	chemise, la	*shemís*
carrete de fotos	pellicule, la	*pelikúl*
centro comercial	centre commercial, le	*sentr komersiál*
cerillas	allumettes, les	*alümét*
cigarrillos	cigarettes, les	*sigarét*
color	couleur, la	*kulœr*
collar	collier, le	*kolié*
comprar	acheter	*ashté*
copia	copie, la	*kopí*

corbata	cravatte, la	*kravát*
costar	coûter	*kuté*
diccionario	dictionnaire, le	*diksionér*
dinero	argent, l'	*aryán*
estanco	tabac, le	*tabák*
falda	jupe, la	*yüp*
foto	photo, la	*fotó*
joya	bijou, le	*biyú*
juguetes	jouets, les	*yué*
grandes almacenes	grand magasin, le	*gran magasán*
guía	guide, la	*guid*
librería	librairie, la	*librerí*
libro	livre, le	*livr*
máquina de fotos	appareil photo, l'	*aparéi fotó*
moda	mode, la	*mod*
novela	roman, le	*román*
pantalones	pantalon, le	*pantalón*
pañuelo	foulard, le	*fulár*
papelería	papeterie, la	*papetrí*
perfume	parfum, le	*parfám*
pila	batterie, la	*batrí*
planta baja/ primera planta	rez-de chaussée, le/ premier étage, le	*red-shosé/ premié etásh*
precio	prix, le	*pri*
rebajas	soldes, les	*sold*
ropa de hombre/ mujer	vêtements hommes/ femmes, les	*vetmán*
sello	timbre, le	*tambr*
sobre	enveloppe, l'	*envelóp*
sombrero	chapeau, le	*shapó*

talla (ropa)	taille, la	*tai*
talla (zapatos)	pointure, la	*puantúr*
tarjeta postal	carte postale, la	*kart postál*
tienda	magasin, le	*magasán*
tienda de regalos	magasin de cadeaux, le	*magasán de kadó*
vender	vendre	*vandr*
vestido	robe, la	*rob*

EL VIAJERO DICE...

¿Cuánto cuesta?

Ça coûte combien?

Sa kut kombián?

¿Tienen...?

Avez-vous...?

Avé-vu...?

Querría...

Je voudrais...

Ye vudré...

Sólo estoy mirando
Je regarde seulement
Ye regárd sœlmán

¿Aceptan tarjetas de crédito?
Acceptez-vous les cartes de crédit?
Asepté-vu le kart de kredí?

¿A qué hora abren/cierran?
À quelle heure vous êtes ouverts/fermés?
A kel œr vus et uvér/fermé?

Es demasiado caro
C'est trop cher
Se tro sher

¿Tienen periódicos españoles?
Avec-vous des journaux espagnols?
Avé-vu de yurnó españól?

Querría un paquete de cigarrillos, por favor
Je voudrais un paquet de cigarettes, s'il vous plaît
Ye vudré an paké de sigarét, sil vu ple

¿Dónde puedo comprar un plano
de la ciudad/un mapa de carreteras?
Où est-ce que je peux acheter un plan
de la ville/une carte routière?
*U es ke ye pœ ashté an plan de la vil/ün
kar rutiér?*

¿Puede revelar este carrete?
Pouvez-vous développer cette pellicule?
Puvé-vu developé set pelikǘl?

Querría un carrete de 24 fotos
Je voudrais un film couleur de vingt-quatre poses
Ye vudré an film kulœ́r de van katr pos

¿Cuánto cuesta el revelado?
Quel est le prix du développement?
Kel e le pri dü developmán?

¿Puede ampliar estas copias?
Pouvez-vous agrandir ces copies?
Puvé-vu agrandír se kopí?

Está bien, me lo llevo
C'est bien, je le prends
Se bián, ye le pran

EL DEPENDIENTE DICE...

Que désirez-vous, monsieur/madame?
¿Qué desea, señor/señora?

Combien en voulez-vous?
¿Cuántos quiere?

Je le regrette, nous venons de les finir
Lo siento, se nos acaban de terminar

Avez-vous de la monnaie?
¿Tiene cambio?

Nous n'acceptons pas les chèques/cartes de crédit
No aceptamos cheques/tarjetas de crédito

LETREROS DE UTILIDAD

Bijouterie	Joyería
Caisse	Caja
Entrée	Entrada
Entrée libre	Entrada libre
Fermé	Cerrado
Journée continue	Abierto todo el día
Librairie	Librería
Ouvert	Abierto
Parfumerie	Perfumería
Poussez	Empujar
Prière de ne pas toucher	Se ruega no tocar
Salon de coiffure	Peluquería
Soldes	Rebajas
Sortie	Salida
Souvenirs	Recuerdos
Tabac-Journaux	Estanco
Tirez	Tirar

SERVICIOS

Bancos

Los bancos del norte de Francia abren de lunes a viernes de 9.00 a 16.00 o 17.15; algunos sólo hasta mediodía, sobre todo la víspera de los festivos. En el sur del país, abren de martes a sábados, de 8.00 a 12.00 y de 13.30 a 16.30, y cierran desde el viernes a mediodía hasta el martes por la mañana.

La moneda francesa es, igual que en España, el euro. Muchas oficinas bancarias cuentan con cajeros automáticos fuera, que admiten las tarjetas Visa/Carte Bleue o Mastercard. El cajero solicita el **code confidentiel** (número secreto) y después hay que oprimir la tecla verde para confirmar la cantidad **(validez).** También se pueden retirar hasta 300 € al día con la tarjeta Visa en el mostrador de cualquier banco, sólo con presentar la tarjeta. El uso de la tarjeta de crédito o **carte de crédit** está muy extendido en Francia. Se puede utilizar en hoteles, gasolineras, puestos de peaje y, por supuesto, en la mayoría de los comercios. Algunas tiendas fijan una cantidad mínima para pagar con tarjeta, en torno a los 15 €.

Vocabulario imprescindible

banco	banque, la	*bank*
billete	billet, le	*biyé*
cajero automático	distributeur automatique de billets, le	*distribütœr otomatík de biyé*
cambiar	changer	*shanyé*
carné de identidad	carte d'identité, la	*kart didantité*
cheque	chèque, le	*shek*
cheque al portador	chèque au porteur, le	*shek o portœr*
cheque de viaje	chèque de voyage, le	*shek de vuayásh*
cobrar	encaisser	*ankesé*

cuenta corriente	compte courant, le	*komt kurrán*
dinero	argent, l'	*aryán*
dinero en efectivo	argent liquide, l'	*aryán likíd*
firma	signature, la	*siñatúr*
firmar	signer	*siñé*
moneda	monnaie, la	*moné*
número secreto de la tarjeta	code confidentiel, le	*kod konfidansiél*
pagar	payer	*peyé*
recibo	reçu, le	*resú*
tarjeta de crédito	carte de crédit/ carte bleue, la	*kar de kredí/ kar blœ*
transferencia	virement, le	*virmán*
ventanilla	guichet, le	*guishé*

EL VIAJERO DICE...

¿Qué horario tienen los bancos?

Quel est l'horaire des banques?

Kel e lorér de bank?

Querría cambiar este cheque de viaje

Je voudrais changer ce chèque de voyage

Ye vudré shanyé se shek de vuayásh

¿Han recibido una transferencia a nombre de…?
Avez-vous reçu un virement au nom de...?
Avé-vu resű an virmán o nom de…?

¿Puedo cobrar este cheque al portador?
Est-ce que je peux encaisser ce chèque au porteur?
Es ke je pœ ankesé se shek o portœ́r?

¿Puedo usar la tarjeta de crédito para retirar dinero?
Peux-je utiliser ma carte de crédit pour
retirer de l'argent?
Pœ-ye ütilisé ma kar de kredí pur retiré de laryán?

Voy a sacar dinero del cajero
Je vais retirer de l'argent dans un distributeur
Ye ve retiré de laryán dans an distribütœ́r

El cajero se ha tragado mi tarjeta
Le guichet automatique a avalé ma carte de crédit
Le guishé otomatík a avalé ma kar de kredí

EL EMPLEADO DICE...

Signez ici, s'il vous plaît

Firme aquí, por favor

Passez à la caisse/au guichet numéro 2

Pase a la caja/ventanilla número 2

Vos pièces d'identité, s'il vous plaît

Sus documentos, por favor

Combien d'argent est-ce que vous voulez?

¿Cuánto dinero quiere?

LETREROS DE UTILIDAD

Banque	Banco
Caisse	Caja
Caisse d'épargne	Caja de ahorros

CORREOS, TELÉFONO Y PRENSA

El servicios de correos es conocido como **La Poste.** Las **bureaux de poste** (oficinas de correo) se identifican por la señal de fondo amarillo y letras azules de La Poste. A veces aparecen marcadas como **PTT,** como se llamaba antes (Postes, Télégraphes, Téléphones). El servicio es rápido y fiable, aunque no barato. En correos se venden los **timbres** (sellos) sueltos o en **carnets** de siete o diez. Los sellos también se pueden comprar en los **tabacs** (estancos). Con el servicio **Poste restante** se puede recibir el correo en cualquier oficina de Francia. Las oficinas de correos abren de 9.00 a 17.00 de lunes a viernes, con pausa para comer, y los sábados de 9.00 a 12.00. Las cartas se echan en un buzón amarillo con dos ranuras, una en la que pone **département** (para la misma ciudad) y otra que dice **autre destinations** (para otros destinos).

La principal empresa de telecomunicaciones es **France Telecom.** Hay teléfonos en la mayoría de los lugares públicos, y lo mejor para usarlos es comprar una **télécarte** (tarjeta). Se venden en los estancos, oficinas de correos y algunos quioscos. Hay tarjetas de 50 y 120 unidades. Algunas cabinas aceptan tarjetas de crédito. Los números de teléfono franceses tienen diez dígitos, los dos primeros indican la región. Para llamar a España hay que marcar el código internacional 00 y el prefijo 34 de España, seguido de los nueve dígitos del abonado. El prefijo de Francia es el 33. Si se desea solicitar información sobre algún número de teléfono en Francia, se debe marcar el 12.

En las **Maisons de la Presse** (quioscos de prensa) y en las estaciones de tren se suelen encontrar periódicos extranjeros. Es normal encontrar *El País, El Mundo* y *Abc* en las localidades turísticas de la costa y en las estaciones de esquí. Los periódicos franceses más importantes son. **Le Figaro, France Soir, Le Monde, Libération** y **L'Humanité.**

Vocabulario imprescindible

apartado de correos	boîte postale, la	*buát postál*
buzón	boîte à lettres, la	*buát a letr*
cabina de teléfonos	cabine, la	*kabín*
carta	lettre, la	*letr*
carta certificada	lettre recommandée, la	*letr rekomandé*
carta urgente	lettre exprès, la	*letr expré*
cartero	facteur, le	*faktœr*
código postal	code postal, le	*kod postál*
contestador	répondeur, le	*repondœr*
correo electrónico	courrier électronique, le	*currié elektroník*
correos	poste, la	*post*
destinatario	destinataire, le	*destinatér*
dirección	adresse, l'	*adrés*
fax	fax, le	*fax*
formulario	formulaire, le	*formulér*
franqueo	afranchissement, l'	*afranshismán*
giro postal	mandat postal, le	*mandá postál*
guía de teléfonos	annuaire du téléphone, l'	*anüér dü telefón*
información	renseignements, les	*ranseñemán*
internacional	international	*anternasionál*
lista de correos	poste restante, la	*post restánt*

llamada a cobro revertido	communication en PCV, la	*komunikasión an pesevé*
llamada local	communication urbaine, la	*komünikasión ürbén*
llamada interurbana	communication interurbaine, la	*komünikasión anterürbén*
llamar	appeler	*aplé*
marcar un número de teléfono	composer un numéro	*komposé an nümeró*
número	numéro, le	*nümeró*
número gratuito	numéro vert, le	*nümeró ver*
operador	opérateur, l'	*operatœr*
paquete	paquet, le/colis, le	*paké/kolí*
periódico	journal, le	*yurnál*
por avión	par avion	*par avión*
postal	carte postale, la	*kart postál*
remitente	expéditeur, le	*expeditœr*
revista	magazine, le	*magasín*
sello	timbre, le	*tambr*
sobre	enveloppe, l'	*envelóp*
tarjeta de crédito	carte de crédit, la	*kart de kredí*
tarjeta de teléfono	télécarte, la	*telekárt*
telefonazo	coup de fil, le	*ku de fil*
teléfono	téléphone, le	*telefón*
teléfono móvil	téléphone portable, le	*telefón portábl*
telegrama	télégramme, le	*telegrám*

EL VIAJERO DICE...

¿A qué hora abre correos?
À quelle heure ouvre le bureau de poste?
A kel œr uvr le büró de post?

Querría un sello para España
Je voudrais un timbre pour l'Espagne
Ye vudré an timbr pur lespáñ

Querría mandar esta carta
Je voudrais envoyer cette lettre
Ye vudré anvuayé set letr

¿Cuánto cuesta una carta certificada?
Combien coûte une lettre recommandée?
Kombián kut ün letr rekomandé?

Querría mandar este paquete por avión
Je voudrais envoyer ce paquet par avion
Ye vudré anvuayé se paké par avión

Querría cobrar este giro postal
Je voudrais encaisser ce mandat postal
Ye vudré ankesé se mandá postál

¿Hay correo para...?
Y a-t-il du courrier pour...?
Y atíl dü curié pur...?

¿Dónde hay una cabina, por favor?
Où se trouve une cabine téléphonique, s'il vous plaît?
U se truv ün kabín telefoník, sil vu ple?

Quiero llamar a cobro revertido
Je veux téléphoner en PCV
Ye vœ telefoné an pesevé

¿Tiene una guía de teléfonos, por favor?
Est-ce que vous avez un annuaire, s'il vous plaît?
Es ke vus avé an anüér, sil vu ple?

Quería hablar con...
Je voudrais parler à...
Ye vudré parlé a...

Perdone, me he equivocado de número
Pardon, je me suis trompé de numéro
Pardón, ye me süí trompé de nümeró

¿Puede decirle que... ha llamado?
Pouvez-vous lui dire que... a téléphoné?
Puvé-vu lüi dir ke... a telefoné?

Mi número es...
Mon numéro est le...
Mon numeró e le...

Llamaré más tarde
Je rappellerai plus tard
Ye rapelré plü tar

¿Hay un Internet café cerca?
Est-ce qu'il y a un café-Internet dans les environs?
Es kiliá an kafé-Interné dan les anvirón?

Quería conectarme a Internet
Je voudrais me connecter à Internet
Ye vudré me konekté a interné

¿Puedo enviar un correo electrónico desde aquí?
Est-ce que je peux envoyer un message électronique d'ici?
Es ke ye pœ anvuayé an mesásh elektroník disí?

Querría consultar mi correo electrónico
Je voudrais consulter mon courrier électronique
Ye vudré konsülté mon kurié elektroník

EL TELEFONISTA DICE...

Un instant, s'il vous plaît
Un momento, por favor

La ligne est encombrée
La línea está sobrecargada

La ligne n'est pas libre
La línea está ocupada

Ne quittez pas
No cuelgue

Voulez-vous laisser un message?
¿Quiere dejar algún mensaje?

Raccrochez, s'il vous plaît
Cuelgue, por favor

Veuillez patienter
Espere, por favor

Le numéro que vous avez demandé
n'est pas en service actuellement
El número que ha marcado no funciona
en este momento

Qui est à l'appareil?
¿Quién es?

LETREROS DE UTILIDAD

Autre destinations	Otros destinos
Bureau de poste	Oficina de correos
Composez le numéro	Marque el número
Crédit 10 unités	10 unidades de crédito
Décrochez	Descolgar
Heures des levées	Horas de recogida
Introduire carte	Introducir la tarjeta de teléfono
Par avion	Por avión
PTT	Correos
Raccrochez	Colgar
Retirez votre carte	Sacar la tarjeta
Tabac-journaux	Estanco
Urgent	Urgente

SALUD

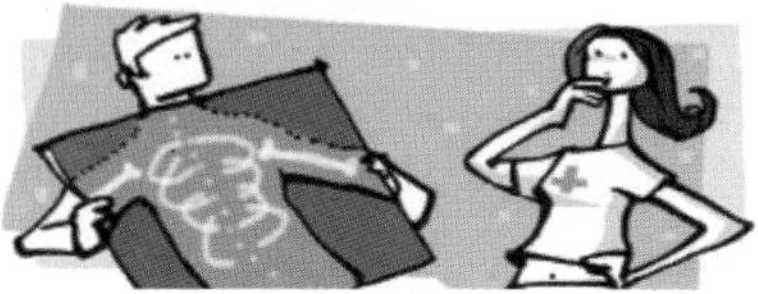

Los ciudadanos de la Unión Europea tienen derecho a la cobertura de la Seguridad Social francesa. Antes de emprender el viaje no olvide llevar la tarjeta sanitaria europea, que entra en vigor en 2004 Las farmacias tienen, como en España, una cruz verde en el exterior, y en el escaparate aparece la lista de las **pharmacies de garde** (farmacias de guardia). Si no se ha traído de España el medicamento que se necesita, se puede pedir al farmacéutico uno con la misma composición. Cada localidad tiene un **médecin de garde** (médico de guardia) para problemas menores. Para urgencias, lo mejor es llamar al 15, para que acuda una ambulancia, que lleva al enfermo al hospital más cercano.

Vocabulario imprescindible

accidente	accident, l'	*aksidán*
acetona	dissolvant, le	*disolván*
alcohol	alcool, l'	*alkól*
alergia	allergie, l'	*aleryí*
algodón	ouate, l'/coton, le	*uat/kotón*
ambulancia	ambulance, l'	*ambüláns*
ampolla	ampoule, l'	*ampúl*
antibiótico	antibiotique, l'	*antibiotík*
asma	asthme, l'	*asm*
aspirina	aspirine,l'	*aspirín*
calmante	calmant, le	*kalmán*
cepillo de dientes	brosse à dents, la	*bros a dan*
compresas	serviettes hygiéniques, les	*serviét iyeník*
contagioso	contagieux	*kontayœ*
dentista	dentiste, le	*dantíst*
diabetes	diabète, le	*diabét*
diarrea	diarrhée, la	*diaré*
dolor de cabeza	mal à la tête, le	*mal a la tet*
dolor de espalda	mal de dos, le	*mal de do*
dolor de garganta	mal de gorge, le	*mal de gorsh*
dolor de muelas	mal aux dents, le	*mal o dan*
dolor de oído	mal d'oreille, le	*mal doréi*
embarazada	enceinte	*ansánt*
embarazo	grossesse, la	*grosés*
empaste	plombage, le	*plombásh*
enfermedad	maladie, la	*maladí*
enfermera	infirmière, l'	*anfirmiér*

enfermo	malade	*malád*
estreñimiento	constipation, la	*konstipasión*
farmacia	pharmacie	
de guardia	de garde, la	*farmasí de gard*
fiebre	fièvre, la	*fievr*
gafas	lunettes, les	*lünét*
gripe	grippe, la	*grip*
herido	blessé	*blesé*
indigestión	indigestion, l'	*andiyestión*
insolación	coup de soleil, le	*ku de soléi*
inyección	piqûre, le	*pikű́r*
jarabe	sirop, le	*siró*
laxante	laxatif, le	*laxatíf*
lentillas	lentilles	*lantíy*
	de contact, les	*de kontákt*
médico	docteur, le	*doktœ́r*
pañal	couche-culotte, le	*kush-külót*
pasta de dientes	dentrifice, le	*dantrifís*
pastilla	pastille, la	*pastíy*
pecho	poitrine, la	*puatrín*
periodo	règles, les	*regl*
picadura	piqûre, la	*pikű́r*
pomada	pommade, la	*pomád*
quemadura	brulûre, la	*brülű́r*
receta	ordonnance, l'	*ordonáns*
recetar	prescrire	*preskrír*
resfriado	rhume, le	*rüm*
rotura	fracture, la	*fraktű́r*
rubeola	rubéole, la	*rübeól*
sangre	sang, le	*san*

supositorio	suppositoire, le	*süposituár*
termómetro	thermomètre, le	*termométr*
tirita	pansement adhésif, le	*pansemán adesíf*
tos	toux, la	*tu*
úlcera	ulcère, l'	*ülsér*
vacuna	vaccin, le	*vaksán*
varicela	varicelle, la	*varisél*
venda	bandage, le	*bandásh*
vomitar	vomir	*vomír*

EL VIAJERO DICE...

¿Podría darme algo para...?

Pourriez-vous me donner quelque chose contre...?

Purié-vu me doné kélke shos kontr...?

¿Necesito receta para...?

Me faut-il une ordonnance pour...?

Me fotil ün ordonáns pur...?

¿Tiene algo contra el insomnio?

Avez-vous quelque chose pour l'insomnie?

Avé-vu kélke shos pur linsomní?

Me duele la garganta/la cabeza
J'ai mal à la gorge/la tête
Ye mal a la gorsh/la tet

Llamen a un médico, por favor
Appelez un médecin, s'il vous plaît
Apelé an metsán, sil vu ple

Me duele aquí
J'ai mal ici
Ye mal isí

No me siento bien
Je ne me sens pas bien
Ye ne me san pa bián

Tengo fiebre
J'ai de la fièvre
Ye de la fievr

Tengo ganas de vomitar
J'ai envie de vomir
Ye anví de vomír

Soy alérgico a...
Je suis allergique à...
Ye suis aleryík a...

Ha perdido el conocimiento
Il a perdu connaissance
Il a perdǘ konesáns

EL FARMACÉUTICO DICE...

Que prenez-vous habituellement?
¿Qué toma normalmente?

Il vous faut une ordonnance pour ça
Necesita receta para esto

Nous n'avons pas cela
No tenemos eso

Trois fois par jour
Tres veces al día

Au coucher seulement
Sólo por la noche

EMERGENCIAS

En general, Francia es un país seguro para los viajeros, pero hay que tomar las precauciones habituales, como vigilar los objetos personales, evitar las calles solitarias por la noche y no dejar nada a la vista en el coche. Para denunciar delitos cometidos en la ciudad, robos o atracos, se debe ir al **commissariat de police** (comisaría). El número para llamar a la policía en Francia es el 17. En ciudades pequeñas y pueblos, se puede acudir al ayuntamiento **(mairie).** En caso de pérdida o robo del **passeport** (pasaporte) o de la **carte d'identité** (carné de identidad), hay que contactar con la Embajada o consulado.

Si se tiene un accidente en la carretera, el otro conductor puede solicitar que se le acompañe a la **gendarmerie** más próxima.

En caso de urgencias médicas, se llama al **SAMU** (Service d'Aide Médicale Urgence), al número de teléfono 15. A veces es más rápido avisar a los **Sapeurs Pompiers** (bomberos), al 18, que prestan los primeros auxilios y tienen sus propias ambulancias.

Vocabulario imprescindible

abogado	avocat, l'	*avoká*
accidente	accident, l'	*aksidán*
agente de policía	agent de police, l'	*ayán de polís*
ambulancia	ambulance, l'	*ambüláns*
atacar	attaquer	*ataké*
avería	panne, la	*pan*
bomberos	pompiers, les	*pompié*
cartera	portefeuille, le	*portefœi*
comisaría de policía	poste de police, la	*post de polís*
declaración	déclaration, la	*deklarasión*
emergencia	urgence, une	*üryáns*
fuego	feu, le	*fœ*
grupo sanguíneo	groupe sanguin, le	*grup sangán*

herido	blessé	*blesé*
ladrón	cambrioleur, le/ voleur, le	*kambriolœr/ volœr*
policía	police, la	*polís*
perder	perdre	*perdr*
robar	voler	*volé*
robo	cambriolage, le/ vol, le	*kambriolásh/vol*
tener una avería en el coche	tomber en panne	*tombé an pan*

EL VIAJERO DICE...

¡Ayuda!

À l'aide!

A led!

¡Llamen a una ambulancia!

Appelez une ambulance!

Apelé ün ambüláns

Hay alguien herido

Quelqu'un a été blessé

Kelkán a eté blesé

Ha habido un accidente
Il y a eu un accident
Iliá ü an aksidán

Se me ha estropeado el coche
Ma voiture est en panne
Ma vuatǘr et an pan

Me han robado el pasaporte/la tarjeta de crédito/el bolso
On a volé mon passeport/la carte de crédit/mon sac à main
On a volé mon paspór/la kart de kredí/ mon sak a man

Nos han robado
Nous avons été cambriolés
Nus avón eté kambriolé

Me han perdido el equipaje
On a égaré mon bagage
On a egaré mon bagásh

He tenido un accidente
J'ai eu un accident
Ye ü an aksidán

He perdido mi pasaporte/carné de identidad
J'ai perdu mon passeport/ma carte d'identité
Ye perdű mon paspór/ma kart didantité

Quiero poner una denuncia
Je veux déposer une plainte
Ye vœ deposé ün plant

LENGUAJE COLOQUIAL

El argot forma parte del lenguaje familiar de todos los días, y un extranjero, incluso sabiendo francés, puede tener problemas para comprenderlo. En este apartado se incluyen, además del lenguaje familiar, algunas palabras más fuertes, como se refleja en la traducción. Con estas últimas hay que tener cuidado, pues no todos los franceses utilizan este vocabulario, y es conveniente usarlo con mesura.

Vocabulario imprescindible

bagnole, la	coche
bouffe, la	comida
bouffer	comer
boulot, le	curro (trabajo)
chouette	genial
dégueulasse	asqueroso
emmerder	fastidiar
fric, le	pasta (dinero)
gosse, le	niño
gueule, la	jeta
marrant	gracioso
mec, un	tío
merde	mierda
moche	feo
rigolo	divertido
super	estupendo
sympa	simpático
truc, le	cosa
vachement	muy

MINIDICCIONARIO ESPAÑOL-FRANCÉS

A

a	à
abadía	abbaye, l'
abajo	en bas
abierto	ouvert
abrelatas	ouvre-boîtes, l'
abrigo	manteau, le
abril	avril
abrir	ouvrir
acabar	finir
acampar	faire du camping
accidente	accident, l'
aceite	huile, l'
acelerador	accélérateur, l'
aceptar	accepter
acera	trottoir, le
acompañar	accompagner
acordarse	se souvenir de
acostarse	se coucher
acto	acte, l'
adelante	entrez
adiós	au revoir/salut
aduana	douane, la
aeropuerto	aéroport, l'
agencia de viajes	agence de voyages, l'
agosto	août
agradable	agréable
agradecer	remercier

agrio	aigre
agua	eau, l'
agua mineral	eau minerale, l'
agua potable	eau potable, l'
ahora	maintenant
aire	air
aire acondicionado	climatisation, la
ajedrez	échecs, les
ajo	aïl, l'
alarma	alarme, l'
albaricoque	abricot, l'
albergue	auberge, l'
alcachofa	artichaud, l'
alcohol	alcool, l'
alejado	éloigné
alergia	allergie, l'
alfiler	épingle, l'
algo	quelque chose
algodón	ouate, l'/coton, le
alguien	quelqu'un
allí	la-bas
almendra	amande, l'
almohada	oreiller, l'
almorzar	déjeuner
alojamiento	logement, le
alquilar	louer
alquiler	loyer, le
alrededor	autour de
alto	haut
amarillo	jaune
ambos	tous les deux
ambulancia	ambulance, l'
amigo	ami, l'
amortiguador	amortisseur, l'
ampliación	agrandissement, l'
ancho	large
andar	marcher
andén	quai, le

anillo	bague, la
animal	animal, l'
anoche	hier soir
anterior	antérieur
antes	avant
antibiótico	antibiotique, l'
antiguo	ancien
anuncio	annonce, l'
año	an, l'
aparcamiento	parking, le
apartado de correos	boîte postale, la
apellido	nom, le
aperitivo	casse-croûte, le
aprender	apprendre
aproximadamente	à peu près
aquí	ici
árbol	arbre, l'
área de servicio	aire de service, l'
arena	sable, la
armario	armoir, l'
arqueológico	archéologique
arriba	en haut
arroz	riz, le
artesanía	objets artisanaux, les
asado	rôti
asegurar	assurer
asiento	place, la
asiento de pasillo	place côté couloir, la
asiento de ventanilla	place côté hublot, la
asma	asthme, l'
aspirina	aspirine,l'
asqueroso	dégueulasse
asustar	effrayer
atacar	attaquer
atasco	embouteillage, l'
atún	thon, le
autobús	bus, le
autocar	car, le

autopista	autoroute, l'
autopista de peaje	autoroute à péage, l'
avanzar	avancer
avenida	avenue, l'
avería	panne, la
avión	avion, l'
ayer	hier
ayudar	aider
ayuntamiento	hôtel de ville, l'
azafata	hôtesse de l'air, l'
azúcar	sucre, le
azul	bleu

B

bacalao	morue, la
bahía	baie, la
bailar	danser
bajar	descendre
balcón	balcon, le
banco	banque, la
bañador	maillot de bain, le
bañarse	se baigner
baño	salle de bain, la
baños	toilettes, les
bar	bar, le
barato	bon marché
barco	bateau, le
barrio	quartier, le
bastante	assez
basura	ordures, les
batería	batterie, la
beber	boire
bebida	boisson, la
berenjena	aubergine, l'
biblioteca	bibliothèque, la
bicicleta	bicyclette, la/vélo, le
bicicleta de montaña	vélo tout terrain, le
bien	bien

bienvenido	bienvenu
billete	billet, le/ticket, le
blanco	blanc
blanco y negro	noir et blanc
boca	bouche, la
bolsa de plástico	poche en plastique, la
bolsillo	poche, la
bolso	sac à main, le
bomberos	pompiers, les
bombilla	ampoule, l'
bonito	joli/beau
bosque	forêt, le
botella	bouteille, la
botiquín	boîte à pharmacie, la
bragas	slip, le
brillo/mate	brillant/mate
broma	plaisanterie, la
bronceado	bronzé
buenas tardes/noches	bonsoir
bueno	bon
buenos días	bonjour
buey	boeuf, le
buscar	chercher
buzón	boîte à lettres, la

C

caballo	cheval, le
cabeza	tête, la
cabina de teléfonos	cabine, la
cabrón	salaud, le
caer	tomber
café con leche	café au lait, le
café solo	expresso, l'/café noir, le
caja	caisse, la
caja de cambios	boîte de vitesses, la
cajero automático	distributeur automatique de billets, le
cajón	tiroir, le

calcetín	chaussette, la
calefacción	chauffage, le
calentar	chauffer
caliente	chaud
calle	rue, la
calle sin salida	voie sans issue, la
calmante	calmant, le
calor	chaleur, la
cama	lit, le
cama de matrimonio	grand lit, le
cama individual	lit d'une personne, le
cambiar	changer
cambio	change, le
camino	chemin, le
camisa	chemise, la
campo	champ, le
campo de fútbol	terrain de foot, le
canal	canal, le
cantar	chanter
cantidad	quantité
caña	bière pression, la
capilla	châpelle, la
cara	face, la
caracol	escargot, l'
caramelo	bonbon, le
caravana	caravane, la
carné de conducir	permis de conduire, le
carné de identidad	carte d'identité, la
carne	viande, la
carne picada	viande hachée, la
carnicería	boucherie
caro	cher
carrete de fotos	pellicule, la
carretera	route, la
carretera de circunvalación de la ciudad	boulevard péripherique, le
carretera nacional	route nationale, la (RN)

carretera provincial	route départamentale, la (D)
carta	lettre, la
carta certificada	lettre recommandée, la
carta urgente	lettre exprès, la
cartero	facteur, le
casa	maison, la
casado	marié
castillo	château, le
cazar	chasser
cebolla	oignon, l'
cena	dîner, le
cenicero	cendrier, le
céntrico	au centre
centro comercial	centre commercial, le
cepillo de dientes	brosse à dents, la
cerca	près
cerdo	porc, le/cochon, le
cerillas	allumettes, les
cerrado	fermé
cerveza	bière, la
chaleco salvavidas	gilet de sauvetage, le
champú	shampooing, le
cheque	chèque, le
cheque al portador	chèque au porteur, le
cheque de viaje	chèque de voyage, le
chico	garçon, le
chocolate	chocolat, le
cielo	ciel, le
cigarrillos	cigarettes, les
cine	cinéma, le
cinturón de seguridad	ceinture de sauvetage, la
cita	rendez-vous, le
ciudad vieja	vieille ville, la
claustro	cloître, le
cobrar	encaisser
coca-cola	coca-cola, le
coche	voiture, la
coche (coloquial)	bagnole, la

coche-cama	wagon-lit, le
cocido	bouilli
cocina	cuisine, la
código postal	code postal, le
col	chou, le
cola	queue, le
colchón	matelas, le
coliflor	chou-fleur, le
collar	collier, le
color	couleur, la
comedor	salle à manger, la
comer	manger
comer (coloquial)	bouffer
comida	repas, le
comida (coloquial)	bouffe, la
comida (almuerzo)	déjeuner, le
comisaría de policía	poste de police, le/ commissariat, le
completo	complet
comprar	acheter
comprender	comprendre
compresas	serviettes hygiéniques, les
concierto	concert, le
conducir	conduire
conejo	lapin, le
conexión	correspóndance, la
confitería	confiserie, la
conmigo	avec moi
conocer	connaître
conseguir	obtenir
consejo	conseil, le
consigna	consigne, la
contagioso	contagieux
contento	content
contestación	réponse, la
contestador	répondeur, le
continuar	continuer
copa	coupe, la

copia	copie, la
corbata	cravatte, la
cordero	agneau, l'
correos	poste, la
cortar	couper
cosa	chose, la
cosa (coloquial)	truc, le
costa	côte, la
costar	coûter
creer	croire
cruce	carrefour, le
crucero	croisière, la
cruz roja	croix rouge, la
cruzar	croisser
cuaderno	cahier, le
cuadro	tableau, le
cuál	quel (masc.), quelle (fem.)
cuándo	quand
cuánto	combien
cuarto de hora	quart d'heure, un
cuchara	cuillère, la
cuchillo	couteau, le
cuenta	addition, l'
cuenta corriente	compte courant, le
cuerda	corde, la
cueva	grotte, la
cumpleaños	anniversaire, l'
cúpula	coupole, la
curro (trabajo)	boulot, le
curva	virage, le

D

daño	dommage, le
dar	donner
darse prisa	se dépêcher
de	de
de nada	de rien
deber	devoir

débil	faible
decir	dire
declarar	déclarer
dedo	doigt, le
dejar	laisser
delante	devant
delgado	mince
demasiado	trop
dentro	dans
denuncia	plainte, la
derecha	droit
derechos	droits, les
desagradable	désagréable
desayuno	petit déjeuner, le
descansar	reposer
describir	décrire
descuento	réduction, la
desear	désirer
desnudo	nu
despacio	doucement
despertador	réveil, le
despierto	éveillé
después	après
destinatario	destinataire, le
desvestirse	se désabiller
deternerse	s'arrêter
detrás	derrière
deuda	dette, la
día	jour, le
diarrea	diarrhée, la
diccionario	dictionnaire, le
diciembre	décembre
diesel	diesel
diente	dent, le
difícil	difficile
dinero	argent, l'
dinero en efectivo	argent liquide, l'
dirección	adresse, l'

discoteca	boîte, la/discothèque, la
disminuir la velocidad	ralentir
divertido	rigolo
doble	double
dolor de cabeza	mal à la tête, le
dolor de espalda	mal de dos, le
dolor de garganta	mal de gorge, le
dolor de muelas	mal aux dents, le
dolor de oído	mal d'oreille, le
domingo	dimanche
dónde	où
dormir	dormir
ducha	douche, la
dulce	doux
duro	dur

E

echar	jeter
edificio	bâtiment, le
educado	poli
ejemplo	example, l'
elegir	choisir
embajada	ambassade, l'
embarazada	enceinte
embarazo	grossesse, la
embarque	embarquement
embrague	embrayage, l'
emergencia	urgence, l'
empaste	plombage, le
empezar	commencer
empujar	pousser
en	en
en casa de	chez
en su punto/ poco hecho/muy hecho	à point/saignant/bien cuit
encender	allumer
encontrar	trouver
enero	janvier

enfermedad	maladie, la
enfermera	infirmière, l'
enfermo	malade
engañar	tromper
engordar	engraisser
entender	comprendre
entrada	entrée, l'
entrantes	hors d'oeuvre, les
entreacto	entreacte, l'
enviar	envoyer
equipaje	bagages, les
equivocado	trompé
escoger	choisir
escribir	écrire
escuchar	écouter
escuela	école, l'
escultura	sculpture, la
espacio	espace, l'
espárrago	asperge, l'
espejo	miroir, le
espejo retrovisor	rétroviseur, le
esperar	attendre
espinacas	épinards, les
espeso	épais
esquí	ski, le
esquiar	faire du ski, skier
esquina	coin, le
estación	gare, la
estación de autobús	gare routière, la
estación de peaje	gare de péage, la
estancia	séjour, le
estanco	tabac, le
estar	être
estatua	statue, la
este	est, l'
estrecho	étroit
estreno	première, la
estreñimiento	constipation, la

estudiante	étudiant
estupendo	super
excelente	excellent
exceso de equipaje	excédent de bagages, l'
éxito	succès, le
extranjero	étranger

F

fábrica	usine, l'
fácil	facile
facturación	enregistrement, l'
falda	jupe, la
falso	faux
familia	famille, la
farmacia de guardia	pharmacie de garde, la
faro	phare, le
febrero	février
fecha	date, la
fianza	caution, la
ficha	jeton, le
fiebre	fièvre, la
fila	rang, le
filete	steak, le
fin	fin, la
firma	signature, la
firmar	signer
flambeado	flambé
flor	fleur, le
formulario	formulaire, le
foto	photo, la
franqueo	afranchissement, l'
frasco	flacon, le
freno	frein, le
frío	froid
frito	frit
frontera	frontière, la
fruta	fruit, la
fuego	feu, le

fuente	fontaine, la
fuerte	fort
fuerza	force, la
fumadores/no fumadores	fumeurs/non-fumeurs
función	séance, la
fútbol	football, le/foot, le

G

gafas	lunettes, les
galleta	galette, la
gambas	crevettes, les
garganta	gorge, la
gas	gaz, le
gasoil	gasoil, le/gazole, le
gasolina	essence, l'
gasolina sin plomo	essence sans plomb, l'
gasolinera	station service, la
gastar	dépenser
gato	chat
generoso	généreux
genial	chouette
gente	monde, le
gilipollez	connerie, la
ginebra	gin, le
giro postal	mandat postal, le
golpe	coup, le
gordo	gros
gracias	merci
gracioso	marrant
grande	grand
grandes almacenes	grand magasin, le
gratis	gratuit
grifo	robinet, le
gripe	grippe, la
grito	cri, le
guapo	beau
guardarropa	vestiaire, le
guardia	gendarme, le

guía de teléfonos	annuaire du téléphone, l'
guía	guide, la
guisante	petit pois, le
gustar	aimer/plaire

H

haber	avoir
habitación	chambre, la
habitación doble/ individual	chambre double/ individuelle, la
hablar	parler
hacer	faire
hacer escala	faire escale
hacer vela	faire de la voile
hacer windsurf	faire de la planche à voile
hambre	faim, la
harina	farine, la
hasta luego	à bientôt
hasta mañana	à demain
hay	il y a
helado	glace, la
herido	blessé
hervir	boullir
hielo (cubito)	glaçon, le
hígado	foie, le
hola	bonjour/salut
hombre	homme, l'
hombro	épaule, l'
hondo	profond
hora	heure, une
hospital	hôpital, l'
hotel	hotel, l'
hoy	aujourd'hui
huelga	grève, la
huésped	client, le
húmedo	humide
huevo	oeuf, l'

I

ida	aller simple
ida y vuelta	aller-retour
idiota	con
iglesia	église, l'
igual	égal
ilegal	illégal
incluido	inclus
incómodo	incommode
indigestión	indigestion, l'
información	renseignements, les
infusión	infusion, l'
insolación	coup de soleil, le
intermitente	clignotant, le
invierno	hiver, l'
inyección	piqûre, le
ir	aller
izquierda	gauche

J

jabón	savon, le
jamón	jambon, le
jarabe	sirop, le
jardín	jardin, le
jarra	carafe, la
jeta	gueule, la
joder	foutre
jodido	foutu
joven	jeune
joya	bijou, le
joyería	bijouterie, la
judías verdes	haricots verts, les
juego	jeu, le
jueves	jeudi
jugar	jouer
juguetes	jouets, les
julio	juillet
junio	juin
justo	juste

L

ladrón	cambrioleur, le/voleur, le
lavadero	lavoir, le
lavadora	machine à laver, la
laxante	laxatif, le
lavar	laver
leche fría/caliente	lait froid/chaud, le
lechería	crémerie, la
lechuga	salade, la
leer	lire
lejos	loin
lenguado	sole, la
lentillas	lentilles de contact, les
lento	lent,e
levar anclas	lever l'ancre
libre	libre
librería	librairie, la
libro	livre, le
límite de velocidad	limite de vitesse, la
línea	ligne, la
líneas aéreas	lignes aériennes, les
linterna	lampe de poche, la
lista de correos	poste restante, la
litera	couchette, la
llamada a cobro revertido	communication en PCV, la
llamada interurbana	communication interurbaine, la
llamada local	communication urbaine, la
llamar	appeler
llave	cléf, la
llave del coche	clef de contact, la
llegada	arrivée, l'
llenar el depósito	faire le plein
llevar	emporter
lunes	lundi
luz	lumière, la

M

mal	mal
maletero	coffre, le
malo	mauvais
manta	couverture, la
mantel	nappe, la
mantequilla	beurre, le
manzana	pomme, la
mañana (adverbio)	demain
mañana (nombre)	matin, le
mapa del metro	plan du réseau, le
máquina de fotos	appareil photo, l'
máquina para validar billetes	composteur, le
mar	mer, la
marcar un número de teléfono	composer un numéro
marcha atrás	marche arrière, la
marinero	matelot, le
marisco	fruits de mer, les
mármol	marbre, le
martes	mardi
marzo	mars
mayo	mai
mayonesa	mayonnaise, la
media hora	demi-heure, une
media pensión	demi-pension, la
medianoche	minuit, le
médico	docteur, le
mediodía	midi, le
mejillón	moule, la
menú	menu, le
menú del día	menu du jour, le
mercado	marché, le/halle, le
merluza	colin, le
mermelada	marmelade, la
mes	mois
mesa	table, la

metro	métro, la
miércoles	mercredi
mierda	merde, la
minuto	minute, une
mochila	sac à dos, le
moneda	monnaie, la
montar a caballo	faire de l'équitation
montar en bicicleta	faire du vélo
monumento	monument, le
mostaza	moutarde, la
moto	moto, la
motor	moteur, le
muelle	quai, le
mujer	femme, la
murallas	remparts, les
museo	musée, le
músico	musicien, le
muy	très
muy (coloquial)	vachement

N

nada	rien
nadar	nager
nadie	personne
naranja	orange, l'
nata	crème, la
natación	natation, la
naturaleza	nature, la
necesitar	avoir besoin de
negar	nier
negocios	affaires, les
negro	noir
neumático	pneu, le
nevar	neiger
nevera	frigo, le
niebla	brouillard, le
niño	enfant, l'
niño (coloquial)	gosse, le

no	non
noche	soir, le/nuit, la
norte	nord, le
noticias	nouvelles, les
novedad	nouveauté, la
novela	roman, le
noviembre	novembre
nube	nuage, le
número	numéro, le
número gratuito	numéro vert, le
número secreto de la tarjeta	code confidentiel, le
nunca	jamais

O

objeto	objet, l'
obtener	obtenir
obras	travaux, les
oca	oie, l'
octubre	octobre
ocupado	occupé
odiar	haïr/detester
oeste	ouest, l'
oír	entendre
oficina de objetos perdidos	bureau des objets trouvés, le
oficina de turismo	office de tourisme, l'
ojo	oeil, l'
ola	vague, la
oler	sentir
olvidar	oublier
operador	opérateur, l'
oreja	oreille, l'
orilla	bord, le
ostra	huître, l'
otoño	automne, l'
oveja	brebis, la

P

pagar	payer
palacio	palais, le
pan	pain, le
panadería	boulangerie, la
pantalla	écran, l'
pantalón	pantalón, le
pañal	couche-culotte, le
pañuelo	foulard, le
papelería	papeterie, la
papeles del coche	papiers du véhicule, les
paquete	paquet, le/colis, le
para	pour
parada	arrêt, l'
parada de autobús	arrêt de bus, l'
parada de taxi	station de taxi, la
parque	parc, le
parquímetro	horodateur, l'
pasaporte	passeport, le
pasear	se promener
pasillo	couloir, le
paso a nivel	passage à niveau, le
paso de peatones	passage clouté, le
pasta (dinero)	fric, le
pasta de dientes	dentrifice, le
pastel	gâteau, le
pastelería	pâtisserie, la
pastilla	pastille, la
patata	pomme de terre, la
patio	cour, la
pato	canard, le
pavo	dinde, le
peaje	péage, le
pecho	poitrine, la
pedales	pédalo, le
pedir	demander
película	film, le
película doblada	film doublé, le

peligro	danger, le
pelota	balle, la
peluquería	salon de coiffure, le
pensión completa	pension complète, la
pepino	concombre, le
pequeño	petit
perder	perdre
perdone	excusez-moi/pardon
perejil	persil, le
perfume	parfum, le
perfumería	parfumerie, la
periódico	journal, le
periodo	règles, les
pero	mais
pesca	pêche, la
pescadería	poissonerie, la
pescar	pêcher
picadura	piqûre, la
piedra	pierre, la
pierna de cordero	gigot d'agneau, le
pieza de repuesto	pièce de rechange, la
pila	batterie, la
piloto	pilote, le
pimentón	poivron, le
pimienta	poivre, le
pimiento	piment, le
pinchazo	crevaison, le
pintura	peinture, la
piscina	piscine, la
piscina cubierta/ descubierta	piscine couverte/ en plein air, la
piso	étage, l'
pista de aprendices (esquí)	piste pour débutants, la
pista de esquí	piste, la
pista de hielo	patinoire, la
pista de tenis	court de tennis, le
plancha	fer à repaser, le
planta baja/ primera planta	rez-de chaussée, le/ premier étage, le

plato	assiette, l'
plato del día	plat du jour, le
playa	plage, la
plaza	place, la
policía	police, la
pollo	poulet, le
pomada	pommade, la
popa	poupe, la
por avión	par avion
por favor	s'il vous plaît
por qué	pourquoi?
porque	parce que
postal	carte postale, la
precio	prix, le
primavera	printemps, le
primera/segunda clase	première/seconde classe, la
proa	proue, la
propina	pourboire, le
puente	pont, le
puerta de embarque	porte d'embarquement, la
puerto	port, le
puta	putain

Q

qué	quoi
quemadura	brulûre, la
querer	vouloir
queso	fromage, le
quién	qui

R

radiador	radiateur, le
rápido	rapide
raqueta	raquette, la
rebajas	soldes, les
recepción	réception, la
recepcionista	réceptionniste, le
receta	ordonnance, l'

recetar	prescrire
recibo	reçu, le
reclamación	réclamation, la
recogida de equipaje	retrait des bagages, le
recto	tout droit
recuerdo	souvenir, le
remonte	remonte-pente, le
reservar	réserver
resfriado	rhume, le
restaurante	restaurant, le
retraso	rétard, le
revisor	contrôleur, le
revista	magazine, le
robar	voler
robo	cambriolage, le/vol, le
rodeo	dètour, le
rojo	rouge
romero	romarin, le
ron	rhum, le
ropa de hombre/ mujer	vêtements hommes/ femmes, les
rotura	fracture, la
rubeola	rubéole, la
rueda	roue, la
ruido	bruit, le

S

sábado	samedi
sábanas	draps, les
saco de dormir	sac de couchage, le
sal	sel, le
sala de conciertos	salle de concerts, la
sala de espera	salle d'attente, la
salado	salé
salchicha	saucisse, la
salchichón	saucisson, le
salida	sortie, la
salida (vuelo)	départ, le

salir	sortir
salmón	saumon, le
salmonete	rouget, le
salon	salon, le
salsa	sauce, la
sangre	sang, le
sardina	sardine, la
segundo	seconde
seguro	police d'assurance, la
sello	timbre, le
semana	semaine
señor	monsieur, le
señora	dame, la
septiembre	septembre
ser	être
servicios	toilettes, les
servilleta	serviette, la
sí	oui
silla	chaise, la
silla de ruedas	fauteil roulant, le
sin	sans
sobre	enveloppe, l'
sombrero	chapeau, le
sopa	soupe, la
supermercado	supermarché, le
suplemento	supplément, le
supositorio	suppositoire, le
sur	sud, le

T

tabla de surf	planche de surf, la
taco de billetes	carnet de tickets, le
talla (ropa)	taille, la
taquilla	guichet, le
tarde (nombre)	après-midi, l'
tarde (adverbio)	en retard
tarifa	tarif, le
tarjeta de crédito	carte de crédit, la/

	carte bleue, la
tarjeta de embarque	carte d'embarquement, la
tarjeta de teléfono	télécarte, la
tarjeta postal	carte postale, la
tarta	tarte, la
taxi	taxi, le
taxímetro	compteur, le
taza	tasse, la
té a la menta	thé à la menthe, le
té con limón	thé au citron, le
teatro	théâtre, le
telefonazo	coup de fil, le
teléfono	téléphone, le
teléfono móvil	téléphone portable, le
telón	rideau, le
temporada alta/baja	haute/basse saison, la
temprano	de bonne heure
tenedor	fourchette, la
tener	avoir
tener una avería en el coche	tomber en panne
tenis	tenis, le
termómetro	thermomètre, le
ternera	veau, le
terraza	terrasse, la
tienda (acampar)	tente, la
tienda	magasin, le
tienda de regalos	magasin de cadeaux, le
tío	mec, un
tirita	pansement adhésif, le
toalla	serviette, la
tomate	tomate, la
tomillo	thym, le
torre	tour, la
tortilla	omelette, l'
tos	toux, la
transbordo	changement, le
travesía	traversée, la

tren	train, le
tren de alta velocidad	tgv, le
tren de cercanías	train regional, le
tren directo	train direct, le
tripulación	équipage, l'
trozo	morceau, le
trucha	truite, la
tubo de escape	pot d'échappement, le

U

úlcera	ulcère, l'
último	dernier, le
ultramarinos	épicerie, l'
universidad	université, l'
urgencias	urgences, les
urgente	urgent
utilizar	utiliser

V

vacaciones	vacances, les
vacuna	vaccin, le
vagón	wagon, le
vagón-restaurante	wagon-restaurant, le
vale	d'accord
varicela	varicelle, la
vaso	verre, le
vela	voile, la
velero	voilier, le
velocidad	vitesse, la
venda	bandage, le
vender	vendre
venir	venir
venta anticipada	vente anticipée, la
ventana	fenêtre, la
ventanilla (avión)	hublot, le
ventanilla (banco)	guichet, le
ver	voir
verano	été, l'

verde	vert
vermú	Martini, le
versión original con subtítulos	version originale (v.o.) sous-titrée, la
vestido	robe, la
vía	voie, la
viajar	voyager
viaje	voyage, le
viernes	vendredi
vinagre	vinaigre, le
vinagreta	vinaigrette, la
vino	vin, le
vino blanco	vin blanc, le
vino tinto	vin rouge, le
visita	visite, la
visitar	visiter
volante	volant, le
vomitar	vomir
vuelo	vol, le

W

whisky	whisky, le

Y

y	et
ya	déjà
yogur	yaourt, le

Z

zanahoria	carotte, la
zapatos	chaussures, les
zoo	zoo, le
zumo de naranja	jus d'orange, le

Notas de Viaje